석학人文강좌 69

근대로의 길

유럽의 교훈

석학人文강좌 69

근대로의 길
유럽의 교훈

초판 1쇄 인쇄 2017년 8월 14일
초판 3쇄 발행 2020년 4월 15일
지은이 박지향
펴낸이 이방원
편 집 정우경·김명희·안효희·윤원진·송원빈
디자인 박혜옥·손경화 **기획·마케팅** 정조연
영 업 최성수 **업무지원** 김경미
펴낸곳 세창출판사
출판신고 1990년 10월 8일 제300-1990-63호
주소 03735 서울시 서대문구 경기대로 88 냉천빌딩 4층
전화 723-8660
팩스 720-4579
이메일 edit@sechangpub.co.kr
홈페이지 http://www.sechangpub.co.kr

ISBN 978-89-8411-698-6 04920
      978-89-8411-350-3 (세트)

이 도서의 국립중앙도서관 출판시도서목록(CIP)은 서지정보유통지원시스템 홈페이지(http://seoji.nl.go.kr)와
국가자료공동목록시스템(http://www.nl.go.kr/kolisnet)에서 이용하실 수 있습니다. (CIP제어번호: CIP2017018824)

석학
人文
강좌
69

근대로의 길

유럽의 교훈

박지향 지음

세창출판사

 이 책은 2014년 12월 한 달 동안 진행했던 한국연구재단의 '석학과 함께하는 인문강좌'를 기반으로 한다. 당시 일찍 찾아온 추위와 눈으로 온 세상이 하얗게 얼어붙은 매주 토요일마다 강연장을 찾아 주신 시민들께 우선 감사 드린다. 강사가 아니였다면 나 자신도 결코 거리에 나가고 싶지 않은 날씨였음에도 강연장을 가득 채운 청중을 앞에 두고 좋은 강연을 해야겠다고 다짐하곤 했다.

 '근대로의 길, 유럽의 교훈'은 평생 나의 연구의 핵심 주제이다. 1970년대에 대학에 다닌 내게 근대화는 가장 중요한 문제의식이었다. 서양은 근대화에 성공하여 지난 500년간 세계를 제패했고 일본은 따라 하기에 성공하여 강국이 되었는데, 우리는 왜 근대화에 성공하지 못하여 식민지로 전락하고 결국에는 동족상잔의 전쟁과 분단이라는 비극적인 역사를 갖게 되었는가? 그 생각은 미약한 힘이나마 유럽 역사를 공부하여 근대화의 길을 우리 사회에 소개하겠다는 결심으로 이어졌다.

 유럽의 근대화라고 하지만 모든 유럽 국가들이 똑같은 패턴으로 근대화를 이룬 것은 아니었다. 그중에서도 근대성의 전범이라고 할 수

있는 나라는 영국이다. 우리가 지금 익숙하게 알고 있는 근대적 제도
들, 즉 의회 민주주의, 자본주의, 과학적 사고와 기술혁신, 교통·통신
의 발달과 같은 것들이 거의 영국에서 시작되어 다른 유럽 국가들로
퍼져 나갔다. 그런데 1970년대의 분위기에서는 성공적인 근대화를 수
행해 낸 영국에 대해 별 관심이 없었다. 오히려 일탈의 역사, 예를 들
어 나치의 비극으로 결말을 맞게 된 독일이라든지 러시아혁명 같은 것
에 관심이 집중되었다. 그런 분위기가 오히려 영국사를 공부해야겠다
는 결심으로 나를 이끌었다. 따라서 이 책은 유럽의 전반적인 이야기
이지만 영국의 예를 많이 참조한다.

　이 책을 관통하는 주제는 근대 세계의 패권을 차지한 유럽, 그중
에서도 특히 최강국인 영국이 어떻게 하여 그와 같은 눈부신 성취를
이룰 수 있었는지를 역사적으로 살펴보고 교훈을 찾는 것이다. 대체로
유럽이 본격적으로 세계로 팽창해 나간 16세기에서 논의가 시작되어,
정치적 측면에서 근대 정치의 기반을 이룬 자유주의, 그리고 자유주의
에서 민주주의로의 이행을 통해 자유민주주의가 확립되는 과정을 살
펴본다. 경제적으로는 근대적 경제성장의 기점이 된 산업혁명의 전개
과정을 분석한 후 유럽 팽창의 정점이라 할 수 있는 제국주의를 고찰
하고, 마지막으로 성공한 나라가 되기 위한 조건들을 종합적으로 검토
해 본다.

　사실 '근대'라는 개념은 오늘날 더 이상 주목받지 못하고 있다. 소
위 '유럽 중심주의'에 대한 비판이 제기된 후 유럽식 근대는 비아냥 거

리가 되어 버렸다. 게다가 포스트모던, 탈근대를 이야기하는 요즘에 근대는 이미 낡은 것이라는 생각이 팽배해 있다. 그럼에도 유럽의 근대에 대해 이야기해야 하는 이유는, 유럽 중심주의라 부르는 시각을 비판하기 전에 유럽이 정말 어떤 일을 이루었는지, 무엇이 그들을 그렇게 만들었는지를 제대로 알고나 있는지 반성해 봐야 하기 때문이다. 우리는 그들의 역사를 비판하기에 충분할 정도로 그들의 역사를 이해하고 있는지 생각해 봐야 한다는 말이다. 그런 면에서 우리는 아직도 배울 것이 많다. 이 책은 유럽의 근대에 대해 서술하면서 '성공적'인 면모를 강조할 것이다. 또 유럽의 단점보다는 강점을 교훈으로 삼아야 한다는 관점에서 쓰였고 독자들께는 그런 시각을 열린 마음으로 받아들여 주실 것을 부탁드린다.

이 책을 관통해서 주장하는 바는 개인의 자유와 자율성을 보장해 주고 소유와 권력이 비교적 고르게 분산된 사회가 궁극적으로 성공한 사회라는 것, 그런 자유와 소유와 권력의 분산은 유럽, 그중에서도 특히 영국에서 처음으로 확립되었다는 것이다. 그렇다면 자유란 무엇인가? 가장 기본적으로 자유란 자신이 원하지 않는 것을 강요받지 않는 것이다. 단 법이 허용하는 한계 내에서 자유를 누려야 한다. 이처럼 너무나도 자명한 권리를 인정받는 것도 쉽지 않았다. 영국이 처음부터 자유로운 사회는 아니었다. 영국인들은 1640년대부터 자유를 위해 많은 피를 흘렸고 그 결과 이 세상 누구보다 먼저 자유를 향유할 수 있었다. 역사를 들여다보면 모든 사람이 자유롭고 평등한 권리를 가지고 태어났다는, 너무나 당연한 진리가 인정받는 데 대단히 오랜 시간이 걸렸음을 알 수 있다. 서양의 과정을 살펴보는 작업은 우리 역사를 돌아보게 한다. 우리는 그들과 얼마나 다른 길을 걸었는지, 우리는 얼마나 쉽게 혹은 어렵게 자유를 얻었는지를 생각해 보게 만든다는 말이다. 우리는 너무 많은 것을 너무 빨리 차지하려 한 것은 아닌지 반성해야 할 것 같다.

강연이 끝나고 이 책을 완성하는 데 2년여의 시간이 걸렸다. 물론 다른 저작을 완성하느라 미루기도 했지만 지난 40년 동안 공부해 온 서양사를 종합적으로 정리해 보겠다는 욕심 때문에 집필 시간이 더 오래 걸린 측면도 있다. 오래 기다려 주신 한국연구재단과 석학인문강좌/인문학 대중화 사무국에 감사 드린다. 이 책이 근대 이후 유럽이 걸어온 길과 그들의 장점을 이해하고 '교훈'을 얻는 데 도움을 줄 수 있다면 더 바랄 것이 없겠다.

2017년 8월 관악에서
박지향

차례

1 장

왜 유럽인가?

지난 500년 동안 유럽과 미국을 포함한 서양이 나머지 세계에 미친 막강한 세력과 영향력은 아무도 이의를 제기할 수 없을 정도로 명백한 사실이다. 1500년경에 세상을 돌아본 사람이 있었다면 그는 아마도 유라시아 대륙의 서쪽 끝에 옹기종기 모여 사는 유럽인들보다 광활한 중국과 오토만제국에 더 감명 받았을 것이다. 그 당시에는 유럽이 세계를 제패할 것이라는 단서는 어디에도 찾아볼 수 없었고 당시 사람들은 아마 중국을 가장 앞선 문명사회로 간주했을 것이다. 그러나 1500년경부터 유럽은 아시아·아프리카·아메리카를 정복하고 오늘날 근대와 연관된 각종 제도들, 즉 자본주의·의회 민주주의·법치주의를 발달시켰으며, 전 세계 사람들의 생활양식을 바꿀 정도의 강력한 영향력을 지닌 문명을 창조해냈다.

상대주의적 시각을 지닌 사람들은 모든 문명은 동등하기 때문에

서양 문명이 중국 문명 혹은 이슬람 문명에 비해 결코 우월하다고 말할 수 없다고 주장한다. 그러나 학자들은 서양만큼 강력한 지배력을 발휘한 문명은 일찍이 없었다는 사실을 부인하는 것은 역사를 왜곡하는 것이라고 말한다. 전 세계 토지의 약 10%와 최대 16%의 인구를 보유할 뿐인 몇몇 유럽 국가들은 1913년에 지구 상 모든 영토와 인구의 5분의 3을 통치하고 세계 경제를 좌지우지하였다. 1500년에 세상에서 가장 큰 도시는 인구 60-70만을 자랑하던 베이징이었지만, 1900년에 세상에서 가장 큰 도시 10개 가운데 아시아권은 도쿄 단 하나뿐이었다.[01]

이 책은 왜 그리고 어떻게 유럽이 지난 500년 동안 세상을 제패할 수 있었는지를 분석해 보고자 한다. 이 장에서는 특히 유럽이 비유럽 세계에 비해 가지고 있던 장점에 주목한다.

| 1500년의 세상 |

유럽의 부상을 알린 확실한 사건은 대항해시대의 시작이었다. 1488년에 포르투갈 사람인 바르톨로뮤 디아스(Bartolomeu Dias)가 처음으로 남반구의 대양을 항해해 아프리카 최남단에 도착하였다. 그 후 열병과 같이 번진 해상의 모험과 정복의 시대를 거치면서 유럽인들

---

01 니얼 퍼거슨, 구세희·김정희 역, 「시빌라이제이션: 서양과 나머지 세계」(21세기북스, 2011), 42, 47면.

은 확실하게 앞서가기 시작했다. 디아스는 포르투갈의 남단 항구에서 출발하여 희망봉—처음에는 폭풍의 봉으로 불리다가 후에 이름이 바뀌었다—까지 항해함으로써 대서양과 인도양이 서로 만난다는 사실을 처음으로 보여 주었다. 그전까지는 유럽인들 중 아무도 적도 아래로 내려가 본 적이 없었다. 적도 근처에 가면 바다가 뚝 떨어져 낭떠러지가 된다든지 100도가 넘는 뜨거운 바닷물이 펄펄 끓는다는 미신 때문에 사람들은 감히 원거리 원정을 생각도 못하고 있었다. 디아스의 항해 후 10년이 지난 1498년에 역시 포르투갈 사람인 바스코 다 가마(Vasco de Gama)가 디아스가 간 길을 따라 아프리카를 돌아 인도양을 횡단하여 인도의 캘리컷에 도착했다. 그 사이에 콜럼버스(Christopher

바르톨로뮤 디아스의 희망봉 항해

바르톨로뮤 디아스

Columbus)는 아메리카 대륙 부근인 바하마 제도에 상륙하여 신대륙에 첫발을 내디뎠다(1492). 콜럼버스는 편서풍을 이용하여 61일이라는 대단히 짧은 기간에 대서양을 건널 수 있었으며, 1504년 9월에 마지막 항해를 마치고 귀환할 때까지 총 네 차례에 걸쳐 아메리카 대륙으로 항해했다. 1519–1522년에는 포르투갈 사람인 마젤란(Ferdinand Magellan)이 이끈 선원들이 인류 역사상 최초로 세계 일주를 하여 지구가 둥글다는 사실을 입증했다.[02]

이처럼 1500년 전후 몇 십 년 사이에 예전 사람들은 생각지도 못했던 해상에서의 업적이 이루어졌다. 일찍이 노르만족이 10세기에 지중해를 침략한 이래로 이슬람교도들을 위시한 여러 사람들이 지리와 해양에 관한 지식을 수집했는데, 포르투갈과 스페인 사람들도 이들 덕분에 기본 지식을 얻을 수 있었다. 그렇지만 대양의 항해는 내해와는 달랐다. 나침반, 천문 관측기구 등의 도구로 하늘을 관찰하고 별들의 위치를 계산하면서 항해해야 했던 대양의 항해에는 훨씬 더 정교한 수학 및 천문학 지식이 필요했다. 포르투갈인들은 먼바다로 나아가기 위해 가는 곳마다 풍향의 체계를 정밀히 관찰하고 기록했다. 게다가 그들은 빠른 쾌속 범선을 개발해 냈는데, 그 특징은 삼각돛과 사각 돛을 함께 적절히 사용함으로써 범선의 한계를 상당히 극복했다는 점이다. 그들의 배는 속도도 느리고 멀리 갈 수도 없었지만 전적으로 바람의 방향에만 의존하지는 않았다. 게다가 중요한 것은 아주 뛰어난 무기가

02 두 번째 세계 일주는 50여 년 후인 1570년대에 영국 사략선 선장인 드레이크에 의해 달성되었다.

바스코 다 가마

배에 장착되어 있다는 사실이었다. 그러나 다른 사람들과 달리 유럽인들을 특별하게 만든 것은 바로 용기였다. 오늘날 한강 유람선 정도의 작은 배를 타고 육지가 보이지 않는 먼바다로 나아가서 다른 대륙으로 항해해 가기 위해서는 무엇보다도 죽음의 공포를 넘는 용기가 필요했다. 원양 항해 시 사고 발생 비율은 매우 높았는데 전체로 보면 리스본을 떠난 배 852척 가운데 169척이 중간에 침몰하여 사고율은 약 20%에 달하였다.[03] 이런 높은 위험을 무릅쓰게 한 동기는 부와 명예, 즉 탐욕이었다. 그러나 돈만이 유일한 동기는 아니었다. 콜럼버스의 일기에

---

03   주경철, 『대항해시대』(서울대학교 출판문화원, 2008), 140, 143면.

의하면 금뿐만 아니라 기독교의 포교도 매우 중요한 동기였다.

　그러나 사실 대항해시대를 연 포르투갈과 스페인의 모험가들보다 먼저, 그리고 더 큰 규모의 원정대를 파견한 나라는 중국이었다. 명나라 궁정의 환관이던 정화(鄭和)는 난징에서 출발하여 인도양을 거쳐 아프리카 동쪽 해안까지 갔다가 돌아오는 대원정을 수차례나 성공시켰다(1405-1431). 그의 함대 규모는 디아스나 마젤란과는 상대가 안 될 정도로 대규모였는데 1차 원정대(1405)는 모선 외에 함선들과 수송선, 통신선 등 317척의 배로 구성되어 있었고 28,000명의 선원들이 탑승해 있었다. 이중 가장 큰 배는 길이가 120m에 폭이 38m나 되었는데,

콜럼버스의 신대륙 도착

이에 비해 콜럼버스가 대서양을 횡단할 때 타고 있던 산타마리아호는 25m에 불과했다.[04] 그러나 이렇게 대단한 업적을 이루고 난 직후 중국은 이 모든 것을 없었던 일로 금지하고 말살해 버렸다. 1424년에 영락제가 사망하자 곧 해외 원정은 막을 내리고 원양 선박을 건조해서는 안 된다는 금지령이 내려졌다. 1500년부터는 돛대를 두 개 이상 단 선박을 건조하는 사람은 사형에 처해졌다. 정화의 항해 기록도 물론 파기되었다. 비슷한 시기에 유럽은 팽창하여 세계로 나아가는데 왜 중국은 오히려 철수를 결정하게 된 것일까? 가장 직접적인 이유는 유교가 확립되면서 상업과 공업을 경시하고 무시하는 경향이 강화되었다는 사실을 들 수 있다. 특히 정화의 원정대가 돌아오던 시기에 명나라 정부 내에서 정화가 대변하는 환관들의 세력과 전통적인 유교 관리들의 갈등이 있었다. 그 갈등에서 결국 유교 관료가 승리하면서 해외로 뻗쳐 나가는 세력들을 중단시킨다는 결정을 하게 되었다. 또 하나는 당시 북방민족의 위협이 심각했다는 사실이다. 그러나 후술하듯이, 중국의 더 큰 발전을 방해한 요인은 더욱 근본적인 것이었다.

| 유럽의 강점 |

유럽은 왜 중국과 다른 길을 갔고 결국 세상을 제패할 수 있었나?

04 David Landes, *The Wealth and Poverty of Nations* (London: Little Brown, 1998), p.94.

유럽의 특징으로 가장 중요하게 언급되는 것은 경쟁 체제와 과학기술의 발달, 그리고 사유재산권을 포함한 근대적 제도의 확립이다. 즉 유럽의 기적을 만들어 낸 것은 경쟁 체제가 빚어낸 정치적·군사적 다원화와 지적 자유가 낳은 과학기술, 그리고 사유재산권이 주는 경제적 동기의 끊임없는 상호작용이었다.

첫 번째로 유럽은 다른 세계와 달리 대단히 다원적이고 역동적이었다. 그것은 무엇보다도 정치체제에서 알 수 있는데, 1500년경 유럽에는 500여 개의 자주권을 가진 국가 단위들이 존재하고 있었다. 물론 큰 제국으로부터 아주 소규모의 도시국가까지 다양한 단위들로 이루어져 있었지만 넓지 않은 지역에 그처럼 많은 주권 세력들이 있었다는 사실은 유럽이 대단히 역동적인 경쟁 관계에 있었음을 보여 준다. 근대국가의 성립을 보면 대체로 전쟁에 필요한 비용을 위해 징세 수단을 계발해 내고 인력 동원을 위해 국민을 조직하는 과정에서 국가 체제가 정비됨을 알 수 있다. 국가 간 경쟁은 전쟁술과 축성술의 발달을 가져왔고, 그에 필요한 세금을 걷기 위해 징세 방식이 발달하게 되었으며, 경쟁 방법의 하나로 국가가 무역과 상업을 장려하고 정복과 식민지 건설을 지원했던 것이다. 그러나 정화의 원정 목적은 상업이나 이익의 추구가 아니라 '야만인의 나라를 방문하여 선물을 전달하고 우리 힘을 과시함으로써 그들을 변모시키는 것'이었다.[05] 반면 포르투갈과 스페인의 목적은 향료를 둘러싼 상업적 경쟁 속에서 새로운 항로를 개척하

05　퍼거슨, 「시빌라이제이션」, 79면.

는 것이었다. 이처럼 유럽인들이 더욱 강한 상업적 열의를 보인 것은 그들의 경쟁 체제 덕분이었다. 유럽은 정치적으로 분열되어 있을 뿐만 아니라 종교적으로도 분열되었다. 특히 종교개혁(1517) 이후 가톨릭과 개신교 국가들 간의 피비린내 나는 갈등과 전쟁은 유럽이 조금 더 분산적인 체제가 되는 데 기여했다. 유럽에서는 국가 내부적으로도 경쟁이 치열하였다. 즉 귀족, 성직자, 도시 거주민들이 서로 권력 다툼을 하는 가운데 유럽 국가들은 발전할 수 있었다. 반면 중국은 시험에 의해 선발된 유교 관리들이 수직적 통치를 하는 사회였기 때문에 변화를 향한 욕구나 혁신을 장려하는 경쟁이 부족했다.

유럽의 두 번째 특징은 과학기술에서 찾을 수 있다. 유럽은 과학적인 검증 방식의 발전과 지적 자율성과 탐구, 그리고 과학적 지식의 보급에서 주도적인 역할을 했다. 일부 연구자들은 대부분의 근대 과학은 유럽이 만들어낸 것이며 특히 과학혁명이라는 이름으로 통하는 17-18세기의 획기적인 진보는 더욱 그러했다고 확언한다.[06] 프랜시스 베이컨(Francis Bacon)이 시작했다고 일컬어지는 과학혁명은 사변적 사고가 아닌 과학적이고 실증적인 탐험과 실험에 의해 사실을 찾아내었다. 과학혁명은 계몽주의 사상으로 이어져 자연과학의 방식이 인간 삶의 모든 면을 탐구하고 이해하는 데 사용될 수 있다는 생각을 퍼뜨렸다. 과학혁명과 계몽주의 사상에서는 이성이 가장 중요한 개념이었고, 모든 것은 이성적이고 비판적이고 과학적 사고방식에 맞아야 한

06 Landes, *The Wealth and Poverty of Nations*, p.348.

다는 생각이 유럽인들의 사고를 지배하게 되었다. 영국에서 발달한 경험주의적 태도는 과학적, 기술적 진보에 특히 기여했는데, 이런 지적 분위기는 왕립 아카데미와 같은 과학 단체들의 설립으로 이어져 과학적 소통을 도왔고 궁극적으로 산업혁명의 배경이 되었다. 한편 축적된 과학적 지식이 군사력에 응용되자 새로운 무기가 등장하기 시작했다. 영국인 벤저민 로빈스(Benjamin Robins)는 1742년에 새로운 포의 원리를 발표했는데 그는 자신의 관찰과 보일과 뉴턴의 법칙 등 39가지 정리를 조합하여 발사체가 총구에서 발사될 때 초기 속도를 측정했다. 이로써 과학이 서양에 '정확한 포'라는 치명적인 무기를 안겨 주었다. 아이러니는 그가 평화주의자인 퀘이커 교도였다는 사실이다.[07]

유럽의 과학적이고 지적인 분위기는 오스만제국과 근본적 차이를 보여 준다. 이슬람은 기독교와 달리 종교적인 것과 세속적인 것을 구분하지 않았다. 잘 알려져 있다시피 중세 시대에 그리스 학문은 이슬람 문명권에 의해 유지되었다. 그러나 11세기가 끝날 무렵 이슬람 성직자들은 그리스철학 연구가 코란의 가르침과 양립할 수 없다고 주장하며 서양의 지적 전통과의 소통을 단절했고, 과학은 종교적 광신자들에 의해 이단으로 탄압되었다. '진리는 이미 밝혀졌다'는 주장이었다. 그들은 인쇄술도 배척했는데 1515년에 술탄 셀림 1세는 인쇄기를 사용하다 발각되면 사형에 처하는 법을 제정했다.[08]

07 퍼거슨, 『시빌라이제이션』, 157-159면.
08 퍼거슨, 『시빌라이제이션』, 34, 135면.

한편 중국은 유럽과 전혀 다른 길을 걸었다. 많은 기술적 발명이 중국에서 먼저 이루어졌지만 훌륭한 발명품들은 제품화되지 못했고, 상품화된 발명품들도 크게 효과를 보지 못했다. 그러나 유럽은 발명 시기는 늦었지만 발명품들이 훨씬 더 폭발적인 효과를 야기했다. 중국인들은 유럽인들보다 먼저 화약의 비밀을 알아냈지만 보다 성능 좋은 총과 강력한 화력을 가진 원거리 대포는 유럽인의 것이었다. 중국인들은 상대적으로 큰 배를 가졌지만 유럽인들은 보다 뛰어난 항법사들이었다. 중국에서는 활자 인쇄가 이미 11세기에 발명되었지만 대중적 영향력을 가지지 못한 데 반해 구텐베르크의 인쇄기(1440)는 폭발적 영향력으로 유럽의 지적 환경을 바꾸어 놓았다. 독일 마인츠에서 처음 만들어진 인쇄기는 몇 년 안에 유럽에 퍼졌고 1500년에 이미 독일에만 200개의 인쇄소가 가동하고 있었다. 활자 인쇄술은 대량 인쇄로 사상과 커뮤니케이션의 비약을 가져왔고 르네상스 시대를 열고 종교개혁을 부추김으로써 궁극적으로 다원적 유럽이 탄생하는 데 크게 이바지했다. 개신교 운동을 개시한 마틴 루터(Martin Luther)가 예전의 종교 개혁가들과 달리 화형에 처해지지 않고 성공할 수 있었던 것은 인쇄기 덕분이었다고 해도 과언이 아니다.

물론 유럽이 독자적으로 개발한 기술도 많이 있었다. 유럽은 일찍부터 인간의 노동력이 아니라 동력을 기반으로 한 문명이었다. 예를 들어 물레방아는 이미 고대 로마나 중세 시대에 사용되었다. 경제학자 랜즈(David Landes)는 1306년 이전에 유럽에서 처음 만들어졌다고 생각되는 안경을 매우 중요한 발명품으로 강조한다. 특히 볼록렌즈는 세공업자나 연장을 만드는 장인, 기술공들의 노동기간을 몇 배로 연장시켜 주었으며 나아가 보다 세밀하고 정교한 다른 기구들을 발명하도록 부추겼다는 것이다. 기계시계의 발명도 중요한데, 13세기 말경에 이탈리아와 영국에서 동시에 발명되었을 것으로 추정된다. 그때까지 사용되던 해시계나 물시계와 달리 기계시계는 최초의 디지털 고안품이었으며, 정밀성을 대변할 뿐만 아니라 시간의 중요성을 강조하는 기계로 근대사회의 여명을 알리는 발명품이었다. 기계시계의 발전은 정확한 시간을 측정할 수 있게 하고 정밀기계의 발명과 사용을 가능하게 했으

기계시계

26

며, 궁극적으로는 대양에서 지구의 경도를 측정하고 찾아낼 수 있도록 해주었다. 유럽은 기계시계의 제조를 300년 동안 독점하였다.[09]

유럽의 부상을 가능하게 한 세 번째 요인은 상업과 제조업에 위엄과 정당성을 부여한 문화였다. 이 문화는 1500년 이후에 특히 개신교에 의해 발달하였다. 개신교는 사제라는 중간 매개 없이 개인과 신과의 직접적인 소통을 강조했기 때문에 성경을 직접 읽을 것을 강조했고 읽기와 쓰기를 장려했다. 개신교는 여아에게도 교육을 시켰는데 글을 읽을 줄 아는 어머니가 중요했기 때문이었다. 그 결과 개신교 지역에서는 교육과 인쇄가 발달했고 그것들은 당연히 과학적 연구와 인적 자본의 축적을 촉진했으며 궁극적으로 경제 발달에도 기여했다. 개신교는 시간에도 중요성을 부여함으로써 개신교 국가인 영국과 네덜란드에서는 시간 개념이 매우 중요해졌다. 흥미롭게도 유럽에서 시계 제조업자들은 거의 전부 개신교도였다. 프랑스나 바바리아 같은 가톨릭 지역에서도 시계 제조공은 대체로 신교도들이었다.

이런 개신교와 경제성장의 연관은 독일의 사회학자이며 사상가인 막스 베버(Max Weber)의 '프로테스탄트 윤리와 자본주의 정신'이라는 명제로 정리되었다. 베버는 종교개혁으로 인한 개신교의 탄생이 뜻하지 않게 새로운 직업 윤리를 낳았고 그것이 근대 자본주의를 탄생시켰다고 주장했다. 즉 개신교도들은 부를 얻기 위한 노력을 신에게 부여 받은 삶의 소명이자 자신의 구원을 드러내는 표징으로 여겼으며,

09 Landes, *The Wealth and Poverty of Nations*, pp.50, 211-212.

신의 선민으로 선택되리라는 것을 확신하기 위해 지칠 줄 모르는 노동에 최선을 다했다는 것이다. 여기서 개신교는 다른 모든 종교 및 종파와 다르다는 사실을 알 수 있다. 다른 종교들이 세속과 인연을 끊는 것을 신성함과 연관 지은 데 반해 개신교 종파들은 일과 근검절약을 신앙의 표현이라 여겼다. 즉 '신의 선민으로 뽑히리라 확신하려면 세속적 행위를 열심히 해야 한다'는, 어찌 보면 이율배반적 메시지를 전했던 것이다. 이처럼 개신교 신앙은 부를 얻기 위한 노력을 합법화해 주었을 뿐만 아니라 그것을 신의 의지에 따르는 것으로 인정해 줌으로써 그러한 노력에 채워져 있던 족쇄를 부수었다.

물론 베버의 주장에 대한 비판도 제기되었다. 우선 자본주의 정신을 향한 최초의 행보 중 상당 부분은 종교개혁 이전에 롬바르디아와 플랑드르의 도시에서 일어났으며 많은 종교개혁 지도자들이 반(反)자본주의적 시각을 가졌다는 사실이 지적된다. 그러나 전반적으로 평가할 때 개신교 사회가 가톨릭 사회보다 경제적으로 더욱 윤택했음은 사실이다. 1940년경에 수집된 자료에 의하면 신교도 국가들이 가톨릭 국가들보다 40%나 더 부유했다. 따라서 역사학자 니얼 퍼거슨(Niall Ferguson)은 개신교가 서양 사람들을 일하고 저축하고 글을 읽게 만들었는데 이것이 아마 서양 문명의 역사에서 종교가 행한 가장 큰 공헌일 것이라고 주장한다.[10]

10　퍼거슨, 「시빌라이제이션」, 418-419면.

| 왜 중국은 성장을 멈추었나? |

중국은 왜 유럽과 비슷한 기적을 경험하지 못했나? 간략히 정리하면 지정학적으로 중국은 국가의 독점 체제였고 그렇기 때문에 역동성을 결여하고 있었을 뿐만 아니라 중국 문화와 종교적 정신이 초기부터 질서, 획일성, 전통을 강조함으로써 변화와 발전을 억제했기 때문이다. 앞서 언급되었듯이 유럽이 부상하기 전에 중국은 유럽보다 훨씬 발달한 문명을 자랑하고 있었다. 종이, 나침반 등의 발명품 외에 운하 건설과 제철 산업도 활발했다. 중국은 일찍부터 철을 녹이는 용광로에 석탄과 코크스를 사용하는 법을 알았고 11세기 후반에 선철을 12만 5천 톤이나 생산했는데, 그것은 영국이 700년 후에야 생산이 가능했던 양이다. 대규모 상비군의 존재도 제철 산업을 부추겼는데 정화가 활동했던 시기인 1420년경에 명나라 해군은 1,350척의 전함을 보유한 것으로 기록되고 있다.[11]

왜 그런 앞선 문명이 뒤처지게 되었나? 무엇보다도 가장 중요한 원인은 유럽이 수백 개의 크고 작은 나라 간의 역동적인 경쟁 체제로 구성된 반면 중국은 중앙집권적 체제를 가진 전제적 제국이었기 때문이다. 모든 것을 장악하고 있던 중국 국가는 유교적 정치와 경제를 고수하려 했다. 역대 중국 국가의 정치·경제의 목표는 송·명 대의 황금시대를 뛰어넘는 게 아니라 그 황금시대로 되돌아가는 것이었다. 그

---

11 폴 케네디, 이일수·전남석·황건 공역, 『강대국의 흥망』(한국경제신문사, 1988), 21-24면.

설정 목표에는 본질적으로 변화가 필요 없었기 때문에 또는 변화가 바람직한 것으로 간주되지 않았기 때문에 타성이 지속되었다. 질서와 획일성을 강조하는 국가와 그 국가를 떠받치는 문화와 종교 때문에 중국 사회에는 역동성이 없었다. 중국의 체제는 농업 제국의 체제였다. 즉 백성들에게 최소한의 생존 수준을 보장해 주고 견딜 수 없을 정도의 불평등은 개선해 줌으로써 사회의 안정을 유지하였다. 집단적 신분 질서가 무너지고 개인이 자유로워져야 자본주의가 발달하게 마련인데 중국에서는 전통적 질서가 끈질기게 지속됨으로써 문화적, 제도적으로 탐구 정신을 가로막는 한계를 보였다.[12] 한마디로 중국은 디아스, 다 가마, 콜럼버스와 같은 창의적이고 모험심 넘치는 개인을 존중해주지 않는 사회였다.

　　국가의 독점은 경제에서도 마찬가지였다. 중국 국가는 상업을 중요한 재원으로 간주하지 않았다. 그 결과 이윤을 추구하는 부유한 상인 공동체와의 강력하고 역동적인 공생 관계는 발전하지 못했고 오히려 상인들은 체제를 위협하는 존재로 간주되었다. 국가는 상업과 수공업을 통제하고, 가격과 무역을 규제했으며, 독점권을 분배했다. 따라서 부정 이득과 자의적 몰수가 흔했고 사유재산권이 불안정했다. 비록 중국에도 잘 발달된 시장이 존재했지만 자유 시장이 발달했다고는 볼 수 없으며 유럽에서와 같은 금융 제도나 기업 제도도 없었다.[13] 무엇

12　Joseph M. Bryant, "The West and the Rest Revisited," *Canadian Journal of Sociology*, 31/4 (Autumn 2006), p.408.
13　필립 리처드슨, 강진아·구범진 역, 『쟁점으로 읽는 중국 근대 경제사, 1800-1950』(푸른역사,

보다도 제도화된 사유재산권의 부재를 들 수 있는데, 중국에서의 모든 산업은 국가 독점이었고 소금, 철강, 차, 술, 해외무역 등 거대한 소비 품목 시장은 국가의 손아귀에 있었다.

| 수정주의의 반격 |

최근 소위 '유럽 중심주의'를 부정하는 수정주의자들이 나타나 1500년경부터 유럽이 앞서 나가고 있었다는 기존 해석에 반대하면서 훨씬 늦은 시기까지 아시아도 유럽과 동등한 발전의 역사를 보여 준다는 주장을 폈다. 그들은 유럽이 선두를 차지한 것은 시기적으로 훨씬 늦었다고 주장하는데 특히 포메란츠(Kenneth Pomeranz)는 중국 경제와 유럽 경제를 비교하는 저작[14]에서 대분기가 일어난 것은 19세기가 되어서라고 주장한다. 그의 주장을 요약하면 다음과 같다. 근대 들어 유럽 전체가 비유럽 세계를 앞질렀다는 주장은 언어도단이며 영국만이 진정한 의미의 산업화를 이룬 나라이고 다른 유럽 국가들은 영국을 따라 하기에 그쳤다. 따라서 유럽과 중국을 비교하려면 유럽 전체와 중국을 비교할 것이 아니라 두 지역의 최첨단 지역을 비교해야 한다. 이 경우 유럽에서는 영국이고, 중국은 양쯔강 하류 지방이 된다. 1400-

    2007), 164-167면.
14 Kenneth Pomeranz, *The Great Divergence* (Princeton: Princeton UP, 2000).

1800년에 양쯔강 하류 지역은 상당한 경제성장을 경험했다. 농업 생산성이 향상되고 시장이 주도한 상업이 팽창했으며 주로 시골에서 보이지만 초기 공업화도 상당히 진척되었다. 대중의 생활수준과 삶의 질도 개선되어 공중 위생, 의학, 칼로리 섭취, 평균수명, 가내 소비 등을 비교해 보면 중국은 유럽에 버금가는, 아니 그것보다 우월한 수준을 보였다.

그렇다면 19세기에 이르러 왜 유럽과 중국의 대분기가 일어났나? 포메란츠는, 전통 사회는 기존 생산 기술하에서 자원과 에너지의 부족으로 인한 발전의 한계에 점차 접근하게 마련인데 영국만이 이 운명을 회피한 첫 번째 나라가 되었다고 말한다. 포메란츠 주장의 특이한 점은 영국이 그렇게 할 수 있었던 것을 주로 행운 덕분으로 돌린다는 점이다. 포메란츠는 중국에도 영국과 동일한 기술들이 '존재'했음을 제시하면서 산업혁명 이전에 중국과 영국의 과학기술 수준은 큰 차이가 없었으며, 기술 수준의 차이로는 산업혁명이 왜 영국에서 먼저 시작되었는지를 설명할 수 없다고 주장한다. 대신 그는 영국만이 한계를 돌파할 수 있었던 원인을 영국의 풍부한 부존자원인 석탄과 해외 식민지로부터 들어오는 소득에서 찾는다. 포메란츠의 이런 해석에 따르면 근대 세계에서 유럽이 패권을 장악한 것은 단지 '우연'과 '폭력'의 결과일 뿐이다. 포메란츠는 영국 산업혁명의 성과를 폄훼하기 위하여 중국인들도 증기기관의 원리를 알고 있었다고 주장하지만, 기술의 원리가 처음 발견된 후 실제로 적용되기까지 수많은 기술 개선이 필요하다는 사실은 무시한다. 예를 들어 오늘날에도 자동차 엔진의 원리는 세계 어디서건 책을 통해 손쉽게 파악할 수 있지만 엔진을 만들 수 있는 기술력을 가진 나라는 그리 많지 않다. 더구나 만들어진 엔진의 질도 천양지차이다. 포메란츠의 주장은 이런 현실을 무시한 주장이며 특히 산업혁명의 핵심이 기술혁신이라는 점을 고려할 때 큰 약점이 된다.[15]

포메란츠의 주장은 전반적으로 매우 부실한 사료에 근거하고 있다. 풍부한 영국 사료에 비해 20세기 이전의 중국 자료는 통계와 기록이 매우 미비하고 부정확하다는 심각한 문제점을 안고 있다. 영국사 연구자들이 이용한 통계는 전국적 규모의 상당히 정확한 수준으로, 오늘날 웬만한 나라에서 수행하는 조사와 비교하더라도 손색이 없을 정도이다. 그러나 포메란츠가 사용한 통계는 일개 마을 수준의 사례이다. 더욱 심각한 것은 포메란츠가 양적 변화와 질적 변화를 구분하지 못한 것이다. 중국 경제사를 전공한 황쭝즈에 의하면 양쯔강 하류 지역의 경제구조는 전적으로 노동 집약적 방식에 의한 것이었다. 그 지역의 경제가 명·청 시대에 성장한 것은 사실이지만 그것은 인구가 증가한 덕분에 기존의 생산수단 내에서 최대한 투입의 결과로 나타난 양적인 것이다. 중국의 성장은 총 생산은 늘지만 1인당 한계 생산성은 지속적으로 하락하는 '발전 없는 성장'이었다. 황쭝즈는 그것을 내권(內眷, involution)이라는 개념, 즉 질적 발전이 없는 양적 성장으로 설명

---

15   김두얼, 〈"오렌지와 오렌지"? 아니면 "오렌지와 사과"? 『대분기』에 대한 서평〉, 「경제사학」 62권 (2016.12), 534–535면.

하는데 '발전 없는 성장'이 명·청 이래 적어도 600년간 일어난 변화의 주된 형태였다고 파악한다.[16]

중국이 질적 변화 없는 양적 성장에 그쳤다면 영국과 서유럽에서는 질적 변화와 역동성이 역사를 이끌었다. 18세기 영국은 노동력 1인당 생산량이 거의 두 배로 늘었는데 그것은 주로 축력을 사용한 덕분이었다. 노동생산성의 상승 덕분에 18세기 말에는 인구의 3분의 1에 불과한 농업인구가 나머지 인구를 위한 식량을 충분히 제공할 수 있었다. 18세기가 끝날 무렵 영국 농가의 경작지는 평균 100에이커를 넘었지만 중국은 1.25에이커에 불과했다. 포메란츠가 주장한 중국의 원산업화에 대해서도 학자들은 그 실체가 인구 증가에 따라 1인당 토지 면적이 급속히 감소했기 때문에 전통적 농업만으로는 먹고살기 힘들게 되자 보조 수단으로 행한 가내공업이었다고 밝힌다. 따라서 중국 농촌에서 가내공업이 확산된 이유는 땅이 부족한 농민들의 절망적인 투쟁의 수단일 뿐이라는 것이다.[17] 근본적으로 영국과 서유럽은 18-19세기를 거치면서 '지속적이고 지속 가능한 1인당 생산의 증가'라는 진정한 의미의 근대적 경제성장을 경험했는데 중국은 20세기 후반까지 그러지 못했다는 결론이다.

진정한 질적 변화는 그 사회의 농업인구가 공업 인구로 바뀔 때 일어났다고 할 수 있다. 그러나 중국 경제는 전반적으로 전근대적 생

---

16 황쭝즈, 구범진 역, 『중국의 감춰진 농업혁명』(진인진, 2016), 15-17면.
17 황쭝즈, 『중국의 감춰진 농업혁명』, 17면.

산에 머물렀고 농업이 지배적이었다. 1930년대까지도 농업이 여전히 국내 총 생산의 거의 3분의 2를 차지하고 있었으며 여전히 노동력의 80% 이상에게 일자리를 제공했다.[18] 이런 상황은 서양과 중국의 1인당 GDP를 비교한 다음 표에서 명백하게 드러난다.

세계 1인당 GDP (1990년도 국제 달러 기준)[19]

년도	1000	1500	1700	1820	1913	2001
서유럽 평균	400	771	998	1,204	3,458	19,256
미국		400	527	1,257	5,301	27,948
중국	450	600	600	600	552	3,583
세계 평균	436	566	615	667	1,525	6,409

위 표에서 보듯, 1500년이 되면 이미 서유럽은 중국을 능가하고 20세기 초까지 계속 우위를 점한 데 반해 중국 경제는 장기간 정체해 있었다. 1000년부터 1700년까지 700년 동안 서유럽의 1인당 GDP는 두 배가 훨씬 넘는 상승을 보인 반면 중국의 경우 겨우 30% 정도 증가하였다. 산업혁명 초기인 1820년에는 서유럽과 중국의 격차는 더욱 벌어졌다.[20]

유럽 중심주의에 반대하는 수정주의가 내포하는 기본적인 문제

---

18   리처드슨, 「쟁점으로 읽는 중국 근대 경제사」, 67면.
19   주경철, 「대항해시대」, 32면.
20   주경철, 「대항해시대」, 31면.

점은, 유럽이 보여 준 산업화로의 돌파구를 사전 준비과정 없이도 가능했던 것으로 간주한다는 점이다. 영국이 이룬 위업을 단순히 행운때문이라고 말하는 것은 전혀 설득력이 없다. 수정주의를 비판하는 학자들은 실제로 서양이 세상을 압도한 것이 역사적 사실인데 그것을 단순히 두 지역이 근본적으로는 비슷했다고 하면 설명이 되지 않는다고 지적한다. 서양의 압도를 행운과 우연이 아니라 두 세계 사이에 존재하던 정치적, 군사적, 경제적, 기술적, 문화적 격차로 보는 것이 옳은 해석이다. 브라이언트(Bryant)는 두 세계의 차이를 다음과 같이 지적한다.

> 인도나 이슬람 사회에 마그나 카르타가 있었는가? 아시아에 국가 예산을 조정하고 정부 정책을 비판할 수 있는 의회가 존재했나? 네덜란드 동인도회사나 영국 동인도회사에 버금가는 조직이 있었는가? 특허청이 있었는가?[21]

이상의 논의에서 비(非)유럽 세계와 비교한 유럽의 강점이 드러난다. 1500년 이후 유럽 국가들은 치열한 경쟁을 벌였는데 궁극적으로 그 경쟁에서 승리한 나라는 유럽 대륙의 서쪽에 위치한 작은 섬나라 영국이었다. 근대 사회 발전의 중요한 과정은 자본주의와 국민국가의 발달인데 이 두 가지가 가장 먼저 완성된 곳이 바로 영국이었다. 근

---

21 Bryant, "The West and the Rest Revisited," p.439.

대적 국민국가가 제일 먼저 확립된 곳도 영국이었고 가장 먼저 지속 가능한 근대적 경제성장을 경험한 곳도 영국이었다. 즉 근대성이 처음 구현된 곳이 영국이었던 것이다. 근대화란 집단이 아닌 개인이 주체가 되고, 과학적 사고와 합리성이 전통적 사고를 대체하며, 자본주의가 발흥하고 소비문화가 형성되어 상품화가 이루어지고 궁극적으로는 산업화로 이어지는 것을 의미한다. 덧붙여 정치적 민주화가 필수적이다. 물론 이 모든 현상이 한꺼번에 일어나지는 않았다. 그러나 그처럼 작은 나라가 이 모든 일을 선구적으로 수행하고 한 세기 이상 세계 최대 강대국으로 군림할 수 있었다는 사실은 경이롭다고 할 정도다.

이제 다음 장에서는 유럽 국가들 가운데서도 영국을 우뚝 서게 한 영국의 특징을 살펴보기로 한다.

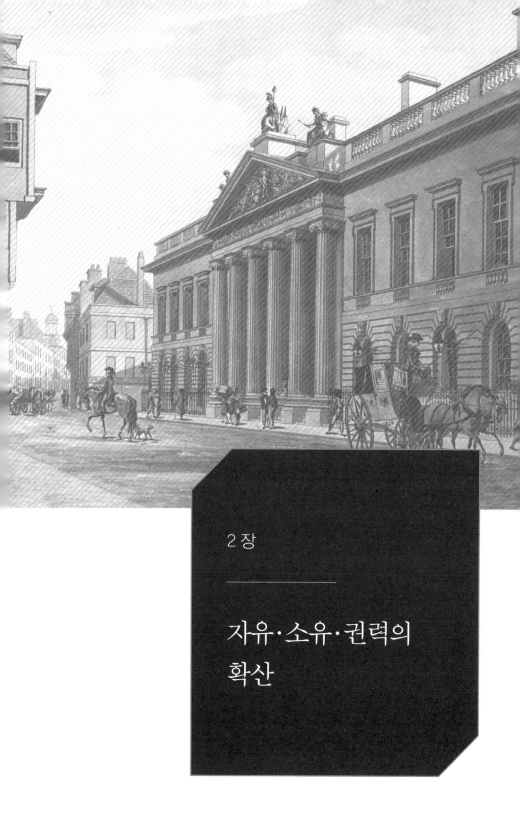

2장

자유·소유·권력의
확산

유럽이 다른 세계를 제치고 앞서 나아가 만들어낸 세상은 개인의 모험 정신과 업적을 인정해 주고 개인의 자유와 자율성의 보장이 소중한 가치를 갖는 세상이었다. 물론 유럽은 동질적이 아니었고 자유를 쟁취한 사회는 영국을 위시한 매우 제한된 지역에 불과했다. 영국은 사적 소유를 확보하여 자본주의를 발달시키고 전 세계에 정치적 민주주의의 모델을 제시하였다. 따라서 이 장에서는 주로 영국에서 자유가 확산되고 확립되는 과정을 살펴보기로 한다.

역사적으로 고찰해 보면 자유를 낳은 것은 소유였다. 소유와 자유는 상호보완적이고 서로 밀접하게 연결되어 있었다. 자유가 있어야 자신이 이룬 부를 소유할 수 있고, 부가 있어야 더욱 자유로울 수 있었다. 자유는 법만으로는 보장되지 않는다. 역사상 자유를 확보한 가장 중요한 무기는 소유였다. 자유가 없어도 소유는 가능하지만 소유가 없으면 자유는 불가능했다. 자유는 소유와 법과의 긴밀한 관계 속에서 서서히 성장했음을 알 수 있다.[01] 자유와 소유는 궁극적으로 권력의 분산을 가져온다. 영국 역사는 일반적으로 국가의 부를 통제하는 사람이 정치를 통제한다는 사실을 입증해준다. 영국은 자유와 소유와 권력이 상대적으로 가장 넓고 고르게 분포된 나라였다. 국가의 부가 비교적 많은 사람에게 분산되어 있었고 그렇기 때문에 비교적 많은 사람이 정치적 권력을 누리게 되었다. 그것을 위해서는 일단 전제적인 왕권을 제한하는 것이 필요했다. 영국인들은 자신들의 부를 미끼로 왕의 권력을 제한하고 자유를 요구하면서 점차 나라 전체를 자유로운 사회로 발전시켜 갔다.

| 소유에 대한 역사상 논의 |

절대적 사적 소유라는 개념은 그리스 시대에는 존재하지 않았다. 그 개념을 법적으로 체계화해서 소유 사상을 확립하는 데 기여한 것은 고대 로마였다. 로마법은 '법이 허용한 대로 자신의 것을 사용하고 소비할 수 있는 권리'를 확인해 주었다. 키케로(Marcus Tullius Cicero)에 의하면 정부는 사적 소유를 보호하기 위해 만들어진 조직이고 따라서 정부는 사적 소유를 간섭해서는 안 되었다. 중세 기독교 철학도 소유를 인

---

01 리처드 파이프스, 서은경 역, 『소유와 자유』(나남, 2008), 12면.

정했는데 십계명 가운데 여덟 번째, 즉 도둑질하지 말라는 계명은 소유의 신성함을 인정한다는 것이 교회의 입장이었다. 아우구스티누스 (Aurelius Augustinus)는 소유는 윤리적으로 중립적이며 오직 탐욕으로 나아갈 때만 악이 된다고 가르쳤고, 아퀴나스(Thomas Aquinas)는 정신적으로 자신을 완전하게 만들려면 인간은 안정감이 필요한데 이는 오직 소유만이 줄 수 있으며 공동 소유가 오히려 불화를 키운다고 지적했다. 중세 교회는 재산이 있어야 기독교인의 의무인 자선을 베풀 수 있다는 입장을 취했다.[02]

근대 들어 인간의 실정법을 초월하는 합리적이며 변하지 않는 자연법이 존재한다는 자연법 사상이 서유럽에 퍼지면서 사적 소유의 불가침성이 자연스레 확립되었다. 모든 사람은 '자연'으로부터 자신의 인격은 물론 '자신의 노력과 노동을 통해 얻은 모든 것'에 대해 '배타적 소유'를 인정받았다는 것이다. 17세기 영국혁명기에 이르면 영국에서 소유란 단어는 단순히 물질적 객체를 뛰어넘어 개인이 자신의 것이라고 주장할 수 있는 자연적 권리를 가진 모든 것으로 확대되었고 사적 소유는 신성한 것이라는 원칙이 확산되었다. 그러한 입장을 이론적으로 정리한 인물이 나중에 설명되겠지만 존 로크(John Locke)였다.

물론 소유가 마냥 찬양의 대상이 되지는 않았다. 소유에 대한 최초의 이론적 공격은 플라톤(Plato)의 『국가』로, 이후 모든 유토피아적 논의에 영향을 미쳤다. 플라톤은 소유와 미덕이 양립 불가능하다는 입

---

02 파이프스, 『소유와 자유』, 37-42면.

장을 취하면서 모든 사적 소유를 금지한 국가를 이상으로 제시하였다. 나중에 플라톤은 보다 현실적으로 입장을 완화했지만 평등주의적 유토피아에 대한 이상은 유지하였다. 즉 사적 소유를 인정했지만 그럼에도 국가가 빈부의 지나친 격차를 막아야 한다고 생각했다. 근대 들어 소유를 공격한 대표적 인물은 루소(Jean Jacques Rousseau)였다. 그는 부의 불평등을 악으로 묘사하면서 태초의 평등이 어떻게 사적 소유로 대체되었는지, 그리고 그러한 변화가 어떻게 시기와 질투, 전쟁으로 이어졌는지를 설명했다. 그러나 루소는 정직한 노동을 통해 얻은 소유는 바람직하다는 입장을 취했고 소유를 없애야 한다고 주장하지는 않았다. 루소와 대조적으로, 동시대에 같은 프랑스에서 활동한 중농주의자들은 소유를 자연법의 핵심 요소로 인정했는데 이들의 사상이 1789년에 발발한 프랑스혁명에 영향을 미치게 된다.[03]

　한편 영국에서 로크에 의해 정립된 소유권 이론은 애덤 스미스(Adam Smith)가 주도한 경제 이론에서 완성되었다. 애덤 스미스는 사적 소유는 생산성을 강화함으로써 그 가치를 증명한다고 주장했는데, 예를 들어 노예노동과 자유노동을 비교해 보면 노예는 가능하면 실컷 먹고 가능한 한 적게 일하려 하는 데 반해 자유노동자는 그 반대라는 지적이었다.

03　파이프스, 『소유와 자유』, 26-29, 80-84면.

| '자유의 땅' 영국 |

17세기에 영국은 '자유의 땅'으로 불렸고 자유를 갈망하는 사람들의 본향이 되었다. 1740년대에 만들어져 지금도 영국인들이 가장 즐겨 부르는 '브리타니아여 지배하라(Rule Britannia)'라는 애창곡의 후렴은 '영국인들은 절대로, 절대로, 절대로 노예가 되지 않으리(Britons never-never-never shall be slaves)'로 끝난다. 자유가 영국인들에게 가장 중요한 가치라는 사실은 영국인들 스스로는 물론 외국인들도 모두 인정하였다. 18세기에 영국을 방문한 몽테스키외(Montesquieu)와 볼테르(Voltaire) 등 프랑스 계몽주의 사상가들은 프랑스와 비교하여 선진화된 영국 사회에 찬탄을 금치 못했다. 1729년에 영국에 온 몽테스키외는 자신이 '유럽의 다른 어떤 지역과도 닮은 점이 없는 나라'에 있음을 깨달았다. 그는 영국의 관습과 법체계가 모두 개인의 자유에 우호적이라는 사실을 발견하고 '법으로 왕의 권한을 제한하는 데 성공한 영국인이 세계에서 가장 자유로운 국민'이라고 감탄하였다.[04] 그는 영국인들의 소유와 자유가 서로 밀접한 관계를 가지고 있음을 파악했다. 영국이 자유로운 무역국이 되어 경제적으로 부유해진 것은 영국인들이 제한적인 법과 악의적인 편견으로부터 자유롭기 때문에 가능한 결과라며 귀족이 상업에 입문하는 것을 금지하는 프랑스와 비교하였다.

또 한 명의 계몽주의 사상가 볼테르는 프랑스에서 하급 귀족과의

---

04 파이프스, 『소유와 자유』, 200면.

몽테스키외 볼테르

말싸움 끝에 피신하여(1726) 영국에 머무는 동안 영국 예찬자가 되었다. 프랑스 절대왕정을 공격하면서 볼테르는 영국을 '자유의 땅'으로 정의하였다. 런던 사람들이 교회의 눈치를 볼 것 없이 자유롭게 과학적 탐구를 하며 사상가들을 존경한다는 사실은 볼테르에게 놀라웠다. 그는 영국의 경제체제에도 감탄했는데 런던 증권 거래소는 '수많은 법원보다도 더욱 존경할 만한 곳'이며 그곳은 '유대인, 마호멧 교도, 기독교도들이 서로 계약을 맺고 공존'하는 곳이었다. 몽테스키외와 마찬가지로 볼테르는 자유와 소유의 밀접한 관계를 정확히 이해하고 있었다. 무역은 영국인들을 부유하게 만들고 이어 그들을 자유롭게 만드는 데도 기여하며, 그렇게 얻은 자유는 그들의 상업을 확대시키고, 무역으로 인해 해군력이 강화되면 이를 기반으로 영국은 해상권을 장악하고 국가의 위신을 드높인다고 관찰했다.[05]

이들보다 약 1세기 후에 영국을 찾은 토크빌(Alexis de Tocqueville) 역시 그곳의 법적·사회적 체제의 특수성을 간파하였다. "유럽에 이보다 더 부유하고 개인의 재산이 더 광범위하게 확산되어 있으며 안전하고 다양성이 더 많은 나라가 있는가?" 그는 그것을 영국 사회의 법적·사회적 제도의 결과로 판단했다. 즉 영국 사회가 매우 개인주의적일 뿐 아니라 사회적 장벽이 존재하지 않고 신분 상승이 가능하기 때문이라는 것이었다. 토크빌은 프랑스에는 영국과 같은 개인주의가 존재하지 않았기에 "우리 조상들은 '개인주의'라는 단어를 가지고 있지 않았다"고 지적했다.[06]

이처럼 곳곳에서 자타가 인정한 자유의 땅 영국으로 망명객들이 모여들었다. 자유를 찾아 영국에 온 사람들 가운데 16-17세기에는 종교적 박해를 피해 건너온 신교도들이 대다수였다면 18세기 이후에는 주로 정치적 망명자들이 몰려왔다. 오스트리아 제국의 재상 메테르니히(Metternich)는 1848년에 혁명으로 권좌에서 쫓겨난 후 런던에 왔고, 1830년 7월 혁명으로 프랑스 왕좌에서 물러난 루이 필리프도 런던에서 피난처를 찾았으며, 40년 후에 보불전쟁의 패배로 물러난 나폴레옹

---

05 Robert Winder, *Bloody Foreigners: the story of immigration to Britain*(London: Abacus, 2005), p.147; 이언 바루마&아비샤이 마갤릿, 송충기 역, 『옥시덴탈리즘—반서양주의의 기원을 찾아서』 (민음사, 2007), 37-38면.

06 Alan Macfarlane, *The Origins of English Individualism* (Oxford: Blackwell, 1978), p.166.

3세도 마찬가지였다. 당대 가장 위험한 혁명가들도 영국에 터전을 마련할 수 있었다. 정치적 망명객으로 30여 년간 영국에서 지낸 마르크스(Karl Heinrich Marx)는 영국을 '불가피한 사회혁명이 평화적이고 합법적인 방법으로 발발할 수 있는 유일한 나라'로 인정해 주었다. 엥겔스(Friedrich Engels)에게 영국은 '이 세상에서 가장 자유로운, 혹은 가장 구속이 덜한 나라'였다. 합스부르크 제국에 대항하여 이탈리아의 민족주의 운동을 이끈 마치니(Giuseppe Mazzini)는 1836년에 영국에 도착했으며 러시아 혁명가 헤르첸(Aleksandr Ivanovich Herzen)과 레닌(Vladimir Il'ich Lenin)도 런던에서 피난처를 찾았다. 영국 정부는 마치니를 추방하라는 오스트리아 제국의 요청을 그가 영국 법을 어긴 적이 없다는 이유로 무시하였다.

당대인들에게 영국은 이상한 나라였다. 1848년 유럽 전역이 혁명의 소용돌이에 휘말릴 때 영국만 멀쩡했다. "한 마을에서 모든 집들이 불타고 있는데 한 집만 멀쩡하다면 방화자를 어디서 찾을 것인가?"라는 영국 음모론이 제기될 정도였다.[07] 정치적 망명자들 가운데에는 영국에 공헌한 인물들이 많이 있었다. 예를 들어 국립영국도서관 역사상 가장 위대한 관장이 된 앤서니 파니치(Anthony Panizzi)는 사형을 피해 영국으로 온 이탈리아 출신 망명객이었으며, 시인이자 화가인 단테 가브리엘 로제티(Dante Gabriel Rossetti)와 크리스티나 남매도 19세기 초에 영국으로 온 이민자의 자식이었다. 물론 이런 성공의 예가 모든 사람에

07 Winder, *Bloody Foreigners*, p.27.

게 적용되는 것은 아니다. 마르크스, 레닌, 바쿠닌(Mikhail Aleksandrovich Bakunin), 크로포트킨(Pyotr Alekseevich Kropotkin) 등은 사실 영국의 관용을 이용한 골칫거리였다. 그러나 영국은 호랑이들을 받아들일 여유가 있었으며, 그 사실은 영국이 얼마나 자유주의적이며 탄력적이었는지를 보여 주었다.

| 왕권의 제한 |

그러나 영국이 처음부터 자유로운 땅은 아니었다. 영국이 이처럼 다른 나라 사람들이 경탄하고 부러워하는 제도를 수립할 수 있었던 배경은 무엇인가?

첫째, 일찍부터 왕권이 제약되고 개인의 소유권이 확립되기 시작했다는 사실을 들 수 있다. 근대 국민국가가 성립되기 전에 국왕은 자신의 수입으로 통치 비용을 부담했기 때문에 왕의 권력은 그의 재산과 상응했다. 불행히도 영국 왕은 재산이 별로 없었고 그에 상응한 권력도 제한적이었다.[08] 1436년 통계에 의하면 왕실 소유의 토지는 전 국토의 5%에 불과하였다. 반면 교회가 20%를 소유하고 있었으며, 6,000-10,000명의 귀족과 상류층 가문이 전체 토지의 45%를 차지하

---

08 정복왕으로 불리는 윌리엄 1세는 1066년에 영국을 정복한 후 대륙의 봉건제를 도입했다. 그는 전체 토지의 5분의 1을 자기 몫으로 하고, 4분의 1은 교회에 바쳤으며 나머지를 봉신들에게 나누어 주었는데 시간이 흐르면서 왕령지는 더욱 줄어들었다.

고 있었다.[09] 튜더 시대(1485-1603)에 이르면 왕의 개인 재산은 더욱 줄어들었고 왕은 통치 비용을 감당할 수 없었다. 특히 헨리 8세는 종교개혁을 주도하여 개신교 교리를 따르는 영국국교회(Church of England)를 정립한 후 가톨릭교회와 수도원 영지를 매각하여 막대한 수입을 거두었지만 무분별한 전쟁 때문에 그 수입을 탕진하고 빚을 져야 했다. 그의 딸 엘리자베스 1세 치하에서 10여 년에 걸친 스페인과의 갈등과 전쟁으로 나라의 재원이 고갈되어 버렸다. 전쟁의 원인은, 해상력을 두고 벌인 두 나라의 경쟁, 그리고 유럽 대륙의 개신교 세력을 지원하는 영국과 가톨릭교 수호자인 스페인의 대립과 적대감이었다. 자연히 그 뒤를 이은 스튜어트 왕조의 왕들은 더욱 궁핍한 상황에 처할 수밖에 없었다. 제임스 1세는 작위를 팔아 자금을 마련했지만 그의 아들인 찰스 1세는 화려한 취미생활 때문에 더욱 곤궁해졌다. 결국 돈이 필요한 왕이 이리저리 떳떳치 못한 방법으로 돈을 갈취하려 한 것이 내전으로 치닫게 된 원인이었다.

이처럼 왕권이 일찍부터 제한받기 시작한 것은 무엇보다도 의회가 일찍 발달한 덕분이었다. 영국 의회는 '모든 의회의 어머니(Mother of all the parliaments)'로 불린다. 그 별칭이 말해주듯이 의회 제도는 영국에서 가장 먼저 발달하였다. 귀족과 대토지 소유자인 젠트리(gentry)[10]로 구성된 사회적·정치적 엘리트가 장악한 영국 의회는, 다른 나라와 달

09 니얼 퍼거슨, 구세희·김정희 역, 『시빌라이제이션: 서양과 나머지 세계』(21세기북스, 2011), 201면.
10 젠트리는 신사(gentleman)의 복수 명사.

영국 국회의사당

리 왕국 내 유일한 신민들의 대표로 존재가 확립되고 세력을 떨치게 된다. 그것은 영국이 섬나라이기 때문에 대륙처럼 항상 전쟁에 시달리지 않았다는 지리적 이점 덕분이기도 했다. 전쟁을 자주 치러야 하는 상황에서는 강력한 군대를 수하에 둔 왕이 강력한 중앙정부를 갖추고 절대적 권력을 휘두르며 귀족의 세력을 약화시키는 경향이 나타나기 마련이다. 1066년에 영국을 정복한 노르만(Norman) 왕조의 왕들은 영국 왕이면서 동시에 대륙에 영지를 가진 대 제후들이었다. 그들은 한동안 영국보다 대륙의 이해관계를 중히 여겼고 대륙에 있는 영지를 돌보느라 정신이 없었다. 왕이 유럽 대륙에 한눈을 파는 동안 윌리엄 1세를 따라 영국에 온 노르만 귀족들과 기사들은 빠르게 토착화하고 왕권에 맞서는 대항체로 성장하였다. 왕권 제약을 기록한 최초의 문건은 그 유명한 '대헌장(Magna Carta)'(1215)이다. 대헌장은 왕이 세금을 부과할 때 귀족들의 자문을 구할 것을 명시했는데 이것이 그 후 관행이 되었다. 물론 그렇다고 왕이 그 약속을 항상 지킨 것은 아니었다. 영국 왕들은 의회의 동의 없이 세금을 걸을 수 없다는 원칙을 여러 차례 어겼는데 그때마다 의회와 국민의 저항에 직면해야 했다.

영국 왕권이 제약된 두 번째 이유는 유럽 대륙과 달리 영국에는 보통법 체제가 발달해 있었기 때문이었다. 보통법 제도의 확립은 앵글로색슨 시대의 구습이 보존된 덕분이었다. 일반적으로 전통 사회에서는 재산권이 개인에게 속하지 않고 공동체에 속하기 마련인데 영국에서는 특이하게도 이미 13세기 말이 되면 자유 보유 농지는 가문이 아니라 개인에게 속했고 토지 경작자가 마음대로 처분할 정도로 재산권이 확립되어 있었다. 그런 관습은 앵글로색슨 시대로까지 거슬러 올라가는데 노르만 정복 이전부터 토지의 사적 소유가 관례였고 소유주는 완전한 양도권을 누렸다. 대륙에서 12-13세기에 부활한 로마법은 기존 관습법을 국왕의 사법권으로 대체하면서 절대왕정을 수립하는 데 기여하고 신민들이 가지고 있던 관습적 권리들을 앗아가 버렸다. 그러나 영국에는 이미 관습법인 보통법 체제가 발달해 있었기 때문에 로마법과 무관한 앵글로색슨 시대의 관습법이 유지되었다. 보통법에서는 소유권 분쟁이 가장 중요했는데 관습이 보통법에 녹아있었기 때문에

신민의 재산권이 보호되었다.[11]

보통법 체제는 중세를 지나면서 더욱 발전했는데 그 과정에서 대지주들의 기여가 컸다. 지방의 유력자인 대지주들은 치안판사를 겸임하면서 보통법 체제를 차근차근 발전시켰는데 그 핵심은 소유에 관한 것이었다. 보통법 체제는 스튜어트 왕들이 강제 대출, 독점권 매도, 그리고 이미 사라진 봉건적 잔재를 부활시키려 했을 때 왕의 권력을 제어하는 데에도 기여했다. 예를 들어 제임스 1세가 즉위한 직후인 1603년에는 왕이 독점권을 파는 것은 보통법에 위배된다는 법정의 판결이 나왔다. 보통법 법정의 판사들이 왕의 권력에 대항하여 법의 지배와 신민들의 경제적 권리를 대변했던 것이다.[12]

보통법이 영국 왕권을 제한한다는 사실은 당대인들도 인식하고 있었다. 헨리 6세(1422-1461, 1470-1471)의 대법관이었던 존 포티스큐(John Fortescue)는 자신의 저서에서 프랑스를 절대왕정으로, 영국을 제한된 왕정으로 정의하고 영국에서 왕은 신민들과 마찬가지로 나라의 법에 묶여있다고 서술했다. 포티스큐는 로마법과 보통법의 차이를 강조하면서 로마법을 절대왕정과, 그리고 보통법을 자유와 연결시켰다. 그렇다면 왜 다른 나라들은 영국의 우월한 법 체제를 채택하지 못하는가? 이에 대해 포티스큐는 영국이 채택하고 있는 배심원 제도를 거론하면서 영국의 사회적·경제적 구조에서만 그것이 가능하다고 주장하

---

11   Robert Lopez, *The Birth of Europe* (New York: M. Evans & Co., 1972), pp.239-240.
12   Paul Mahoney, "The Common Law and Economic Growth," *The Journal of Legal Studies*, 30/2 (June 2001), p.504.

였다. 즉 농촌에도 부유하고 교양 있는 사람들이 많이 있는 영국에서만 그 제도가 작동할 수 있다는 것이다.[13] 1640년대에 발발한 영국혁명 시기에 보통법은 경제적 자유, 그리고 더 광범위한 의미에서 왕의 자의적 행동으로부터 벗어난 신민들의 자유라는 개념과 강하게 연결되었고 이러한 성격은 내전을 거치면서 더욱 강화되었다.[14] 정부의 가장 중요한 기능은 재산의 보호라는 이 개념은 로크에 의해 가장 잘 표현되었다. 반면 다른 나라의 왕들은 무제한의 절대적인 권력을 가지고 소유를 자기 마음대로 통제할 수 있었다.

세 번째로 영국 왕의 권력이 제한적이었던 원인은 국민국가의 성립이 빨랐으면서 국가 체제가 왕권의 집중에 의존하지 않고 지방분권적 정치체제로 확립되었기 때문이다. 이미 16세기에 영국은 왕국이기보다 마치 오늘날의 국민국가와 유사한 정치 공동체라는 의식이 나타났다. 영국은 비교적 작은 규모의 섬나라였기 때문에 일찍 중앙 집중적 국가 체제가 정비되었다. 영국의 규모는 국가로서 기능하기에 적합할 정도로 크면서 왕과 그의 관리들이 관리하기에 적당할 정도로 작았다. '중앙 집중적' 국가 체제라고 할 때 그것은 비대한 관료제를 가진 중앙집권적 권력 체제를 의미하는 것이 아니다. 찰스 1세(1625-1649)가 통치할 당시 왕실에 소속된 전문 관료는 1,200명에 불과했다. 반면 프

---

13 Macfarlane, *The Origins of English Individualism*, pp.179-181.
14 1640년대에 일어난 왕과 의회의 갈등은 내전 혹은 혁명으로 평가된다. 이 책에서는 이 용어들을 번갈아 사용하였다.

·

랑스 왕은 4만 명의 관리들을 거느리고 있었다.[15] 영국 국가의 통치 체제는 국왕이 통치의 부담을 전적으로 지는 것이 아니라 지방 유지들이 국왕을 대신해 통치하는 일종의 위임통치였다. 실상 지방정부와 정기적 자문 회의 등의 통치 방식은 앵글로색슨 시대의 유물이었고 더 거슬러 올라가면 게르만 부족 시대의 유물이었다. 1066년에 노르만디 공 윌리엄이 영국을 정복하여 왕이 되었지만 소수 이민족 지배자가 다수 원주민을 통치해야 하는 상황이 되었기에 지배자들은 기존 통치 조직을 이용해야 했다. 그 결과 앵글로색슨 시대의 분권적 통치제도가 살아남았다. 지방 통치를 책임진 지주층[16]은 국록을 받지 않는 행정관이었고 자신들이야말로 국가의 소유주라고 생각했다. 엘리자베스 1세 시대에 프랑스 대사를 역임한 토머스 스미스(Thomas Smith)는 『잉글랜드 국가에 관하여(De Republica Anglorum)』(1565)라는 책에서 영국을 우월한 왕에 의해 통치되는 신민들의 왕국이 아니라 계약에 기초한 동등한 사람들의 연합으로 제시하였다. 그리고 그 연합은 자유와 평등, 그리고 사회적 유동성을 특징으로 하는 국가였다.[17]

---

15   파이프스, 「소유와 자유」, 227면.
16   이들은 젠트리라 불린다.
17   Macfarlane, *The Origins of English Individualism*, pp.176-178.

| 의회의 발달 |

앞서 설명하였듯이 영국에서 자유가 확립되는 데에는 의회의 역할이 결정적이었다. 의회는 귀족들의 자문 회의에서 시작되었지만 1265년에 이르면 평민들을 불러 그들의 의견을 듣기 시작했고 그때부터 평민들을 포함한 국민의 대표로서의 의회라는 개념이 성립하였다. 초기 의회는 왕의 통치를 지원하는 보조기관으로 기능했으며 오늘날처럼 일정 회기마다 개원하는 것이 아니라 왕의 소집에 따라 비정기적으로 열렸다. 예를 들어 튜더 시대 의회는 4년 반에 한 번씩 소집되었다. 왕은 주로 돈이 필요할 때 의회를 소집했는데 돈이 가장 필요할 때는 물론 전쟁을 할 때였다. 문제는 영국의 귀족과 시민들이 왕의 세금 부과에 호락호락 동의해주지 않았다는 사실이다. 의회는 과세에 동의해주는 대신 조금씩 왕의 권력을 견제하여 자유를 쟁취하고 자신들의 권력을 키워갔다.

의회 발달에서 가장 중요한 시기는 17세기 스튜어트 시대였다. 튜더 왕조의 마지막 왕인 엘리자베스 1세가 후계자 없이 사망하자 (1603), 가장 가까운 인척인 스코틀랜드의 왕 제임스가 왕위를 계승하였다. 의회가 발달하지 않은 후진국 스코틀랜드에서 온 제임스 1세(스코틀랜드에서는 제임스 6세)는 의회의 중요성을 깨닫지 못했고 번번이 의회와 갈등을 벌였다. 왕과 의회의 싸움은 궁극적으로 혁명으로 폭발했는데 그 싸움에 불을 지핀 것은 제임스의 아들인 찰스 1세였다.

찰스 1세의 처형

앞서 언급했듯이 영국 왕들은 재산이 넉넉지 못하였다. 엘리자베스 1세는 가능한 한 대륙에서 벌어지는 전쟁에 휩쓸리지 않는 구두쇠 정책을 추구했지만 스튜어트 왕조의 왕들은 그렇지 못했다. 특히 찰스 1세는 프랑스와 스페인을 상대로 거의 동시에 전쟁을 했고 돈이 필요하자 수입을 늘리려는 책략의 하나로 부유한 시민들에게 강제 '대출'을 요구했는데 그런 행위는 당연히 저항에 부딪힐 수밖에 없었다. 1628년에 찰스가 어쩔 수 없이 소집한 의회는 세금 부과에 동의하는 대신 권리청원을 요구하였다. 그 핵심은 '의회의 동의 없이는 누구도 강제 증여, 대출, 세금 혹은 이와 유사한 부과금을 내지 않아도 된다'는 조항이었다. 왕은 할 수 없이 그에 서명하고 요청한 돈을 지급받았지만 그 후 11년 동안 의회를 소집하지 않았다. 계속 돈이 필요했던 찰스 1세는 선박세(Ship money) 부과를 포함해서 이미 영국에서 자취를 감춘 옛 봉건적 권리를 되살리려 했는데 그것은 그동안 차근차근 진행되어온 영국의 정치적·사회적 발전을 무시한 행위였다. 특히 선박세가 문제가 된 이유는 전례와 달리 해안 지역이 아닌 내륙에도 강제했기 때문이었다.

이처럼 의회와 갈등을 벌이며 줄다리기를 하던 찰스에게 결정타가 된 사건은 스코틀랜드와 아일랜드에서 발발한 폭동이었다. 폭동 진압을 위한 군대 동원 때문에 자금이 필요했던 왕은 할 수 없이 의회를 소집했고 의회는 비용을 지원해주는 대신 국왕의 여러 권한을 빼앗고 마지막으로 왕의 군대 통솔권까지 제거하려 시도했다. 이에 왕이 런던을 떠나 군대를 동원함으로써 전쟁이 시작되었다(1642). 이것이 영국 내전, 혹은 영국혁명이라고 불리는 사건이다. 당시 의회 지도자의 많은 수가 청교도였기 때문에 청교도 혁명이라고도 불린다. 6년여 동안 계속된 전쟁 끝에 왕당파가 의회파에 항복하고 결국 찰스 1세는 의회에서 반역죄로 판정받아 처형되었다(1649). 그 전까지 왕이 살해되거나 왕위가 찬탈되는 사건은 많이 있었지만, 왕이 공식적으로 '반역죄'로 처형된 적은 없었기에 찰스 1세의 처형은 국내외적으로 큰 충격이었다. 내전 기간 중 의회파는 막대한 세금을 부과했지만 국민들은 별 저항 없이 받아들였는데, 의회가 인정하지 않은 세금에 대해 저항했던 예전 모습과는 대조적이었다.

| 개신교 신앙 |

    의회의 존재와 더불어 영국을 자유의 땅으로 만든 데 기여한 또 다른 요인은 개신교 신앙이었다. 1517년 독일에서 마틴 루터(Martin Luther)가 가톨릭교회의 비리를 지적하는 95개 조항을 발표하면서 개신교 운동이 시작되었을 당시의 영국 왕은 헨리 8세였다. 헨리 8세는 루터를 반박하면서 가톨릭교회야말로 진정한 교회라는 내용의 책자를

마틴 루터   헨리 8세

써서 교황으로부터 '신앙의 수호자'라는 칭송을 들었다. 그랬던 헨리가 개인적인 이유로 영국 교회를 로마로부터 분리하여 독자적인 영국국교회를 세우게 된다. 튜더 왕조의 두 번째 왕으로서 헨리 8세는 왕실의 군건한 토대를 마련해줄 아들을 간절히 원하였다. 그러나 당시 헨리 8세 슬하에는 공주밖에 없었고 왕비는 이미 가임 기간을 넘긴 상태였다. 마침 왕비의 시녀인 앤 불린(Anne Boleyn)이라는 매력적인 처녀에게 매혹된 헨리 8세는 왕비와 이혼하고 앤과 결혼하여 왕자를 얻겠다는 욕심을 부렸지만 교황의 허락을 얻을 수 없었다. 왕비가 바로 당시 최대 강대국이며 충실한 가톨릭 국가인 스페인 왕실의 공주 출신이었기 때문이었다. 로마를 설득하려는 모든 노력이 수포로 돌아가자 헨리는 결국 영국 교회를 로마로부터 독립시켜 국교회를 만들고 자신이 수장이 되어 로마의 허락 없이 이혼하는 길을 택하였다. 그러나 이런 어려운 과정을 거쳐 얻게 된 아기는 왕자가 아니라 후에 엘리자베스 여왕이 될 공주였다. 이혼 문제 외에 헨리는 돈도 필요했는데 대륙의 여러 곳에서 벌어진 전쟁에 연루되어 있던 왕이 교회와 수도원 소유의 막대한 재산에 눈길이 간 것은 당연했다. 그런 연유로 영국은 개신교 국가로 탈바꿈하게 되었는데 그것이 영국을 자유의 땅으로 만드는 데 중요한 역할을 하게 된다.

　루터가 불러온 신구교 간의 갈등은 종교전쟁을 야기했고 전쟁은 100년 넘게 유럽 대륙을 피로 물들인 후 1648년이 되어서야 종결된다. 프랑스에서는 1559년부터 40년간 신구교도들의 갈등이 치열했고,

1566년에는 스페인 제국과 그 속령인 네덜란드의 신교도들과의 '80년 전쟁'이 시작되었으며, 독일도 1618년부터 30년 전쟁이라 불리는 분쟁에 휘말렸다. 그런 와중에 영국이 개신교도들의 보호자 역할을 담당하면서 대륙으로부터 많은 개신교도들이 종교적 탄압을 피해 영국으로 도피하였다. 원래 개신교도였지만 프랑스 왕좌에 오르기 위해 가톨릭으로 개종한 앙리 4세는 위그노(프랑스의 개신교도)를 관용하는 낭트칙령을 선포하였다(1598). 그러나 태양왕이라 불린 루이 14세가 즉위하여 낭트칙령을 폐기하고(1685) 가톨릭 신앙만을 고집하자 위그노들의 대규모 탈출이 이어졌다. 특히 이들 가운데 많은 수가 영국으로 몰려들어왔는데 이들의 탈출로 프랑스 경제는 활기를 잃은 대신 영국과 네덜란드가 어부지리를 얻었다. 당시 개신교도 가운데에는 부유하고 기술을 갖춘 사람들이 많이 있었다. 대표적으로 시계 제조업에 종사한 기술자들은 거의 전부 개신교도들이었다. 교육과 읽기, 쓰기 능력을 강조하고 시간을 중시했던 개신교의 특성에서 기인한 현상이었다. 이들이 대거 영국으로 몰려오면서 영국은 세계 최고의 시계 제조국으로 발전할 수 있었고 18세기에 이르면 시계의 생산과 소비에서 단연 세계 최고였다. 대량생산 덕분에 시계 가격이 저렴했고 할부 구입도 가능할 정도로 판매가 널리 이루어졌다.

양모 산업에서도 사정은 마찬가지였다. 영국은 이미 앵글로색슨 시대부터 중요한 양모 생산국이었다. 그러나 모직물을 만드는 마지막 공정 기술을 보유하지 못했기 때문에 이탈리아나 저지대의 플랑드르

지방으로 양모를 수출하고 완성된 모직물 제품을 다시 수입하는 과정을 겪었다. 그런데 종교적 탄압을 피해 영국으로 이주해 온 개신교 기술자들이 염색과 직조 기술을 가지고 옴으로써 양모의 생산만이 아니라 모직물 제조까지 영국 내에서 가능해졌다. 또 하나의 사례는 영국 은행(Bank of England)이다. 후에 국책은행이 되는 영국 은행이 창립되었을 때(1694) 자본금의 10%를 위그노 상인들이 제공했다. 가장 위대한 영국인이라고 불리는 윈스턴 처칠(Winston Churchill)도 위그노의 피를 받았다. 영국만이 아니라 네덜란드도 개신교도들의 망명으로 수혜를 입었는데, 17세기에 암스테르담이 세계적 상업과 금융의 중심지가 된 데에는 스페인과 프랑스의 종교적 불관용을 피해 이주해온 개신교도들의 역할이 컸다.

| 사회계약론과 자유주의 이론의 대두 |

찰스 1세의 전횡에 대항하여 의회 지도자들이 주도한 영국혁명의 시기는 백가쟁명의 시대였다. 새로운 사상들이 많이 나타났고 이미 널리 사용되고 있던 인쇄술 덕분에 곧바로 확산될 수 있었다. 당시 영국인들에게 가장 큰 호소력을 지닌 개념은 '자유롭게 태어난 영국인(free-born Englishman)'이라는 개념이었다. 이 개념은 단순히 소수 지식인들과 엘리트 사이에만 유통된 것이 아니고 인구의 다수에게 회자되고 내면화되었다. 여기서 자유는 물론 소유도 포함하는 개념이었다. 앞서 언급되었듯이, 영국혁명기에 소유란 단어는 '자신의 것이라고 주장할 수 있는 자연적 권리를 가진 모든 것'으로 확대되었으며, 부는 개인의 자유와 위엄을 보장하기 위한 전제조건이라는 생각이 확산되었다. 이러한 현상은 당시 서양 문명에서 유일했다.

개인의 자유와 소유 개념을 중심으로 형성된 이념을 우리는 자유주의라 부른다. 자유주의는 17세기 말 존 로크에 의해 정립되었지만 그 전에 홉스(Thomas Hobbes)의 사회계약 사상이 로크의 출현을 준비해 주었다. 『리바이어던(Leviathan)』(1651)에서 홉스는 '만인의 만인에 대한 투쟁'이라는 유명한 명제를 주장하였다. 홉스에 의하면, 국가가 생기기 전에 사람들은 자연 상태에서 살고 있었다. 그것은 오직 서로 쟁투하는 개인들만이 존재하며 재화가 아무에게도 속하지 않은 무정부 상태를 말한다. 그런 만인의 만인에 대한 영원한 투쟁 상태라는 불안에서 탈피하기 위하여 사람들은 자신의 자연적 권리를 국가에 양도하고 안정을 얻게 된다. 즉 왕이 질서를 확립하여 자유와 소유를 가능하게 만들어준다는 것으로, 이런 홉스의 해석에 의하면 자유는 '생득권'이 아니라 '주권'에 의해 증여되는 것이고 그 주권은 절대적인 왕에게 있게 된다. 따라서 왕은 소유에 대하여 정당한 권리를 가지며 백성의 동의 없이 세금을 부과하고 재산을 몰수할 수 있다는 것이다. 홉스의 사회계약설에서 왕권은 결과적으로 왕권신수설과 마찬가지로 절대왕권이 되고 만다. 그러나 왕권신수설과 다른 점은, 홉스가 상징한 왕권은 비록 절대왕권이지만 신의 뜻이 아니라 국민과의 계약에서 유래한다는 점이다. 이 점에서 홉스의 생각은 기존의 왕권신수설과 근본적으로 다른 사고였는데 그것을 한층 더 진전시킨 것이 로크의 사회계약설이다.

　로크 역시 국가 형성의 기원을 자연 상태에서 개인들이 맺은 계약에서 찾는다. 그러나 홉스와 달리 로크는 개인들이 국가를 구성하는 목적을 자신의 소유와 자유의 보호라고 정의하면서 모든 것의 기본으로서의 소유 개념을 확실시하였다. 이 소유와 자유 개념은 절대 양도 불가능한 속성을 갖는다. 로크는 국가란 개인들의 필요와 이해관계에 봉사하기 위해 존재하며 개인들에 의해 그리고 개인들을 위해 창조된 것이라고 주장하였다. 정부가 통치 받는 사람들의 합의 또는 동의에서 생겨난다면 정부가 잘못을 저질렀을 때 그 정통성은 사라지고 국민은 정부에 저항할 권리를 가지게 된다. 즉 최고 권력자의 권한은 단지 특정 목적을 달성하기 위해 신탁된 권한일 뿐이므로 그의 활동이 '위임된 책임에 반하는 경우 최고 권력자를 변경하거나 그 권한을 박탈할 권력은 여전히 국민'에게 있게 된다.[18] 이 책의 제3장에서 더욱 자세히 살펴보겠지만 로크의 이 주장은 근대적 정치 발전에 대단히 중요한 근간이 되었다. 그 이론 위에서 국민이 자의적이고 전제적인 정부를 갈아치울 수 있는 원칙이 성립되었고 그 원칙은 영국 역사에서 명예혁명(1688)으로 구현되었다.

18　John Locke, *The Second Treatise of Government* (New York: The Liberal Arts Press, 1952), p.84.

로크가 『시민정부에 대한 두 논문』을 발간하기 직전에 영국에는 또 다시 혁명이 일어났지만 이번에는 피를 흘리지 않았다는 이유로 명예혁명으로 불린다. 내전 후에 반역죄로 처형당한 찰스 1세의 아들들은 아버지가 처형되자 외가인 프랑스에 머물다 왕정이 복고(1660)된 후 영국에 돌아왔다. 이들은 가톨릭으로 양육 받았는데 형인 찰스 2세는 영국 왕이자 국교회의 수장으로서 자신의 가톨릭 신앙을 죽기 직전까지 감추었지만 동생인 제임스는 그렇지 않았다. 그들의 사촌은 바로 절대왕정의 상징이라 할 수 있는 프랑스 왕 루이 14세였다. 제임스는 사촌이 휘두르는 절대 권력을 보면서 비슷한 권력을 원하게 되었다. 서자가 20명이나 있었지만 적자를 두지 못했던 찰스 2세가 사망하자 동생인 제임스가 왕위를 계승했다(1685).

제임스 2세는 가톨릭교회를 복원시키려는 정책을 조금씩 펴기 시작했다. 그러나 이때쯤 되면 개신교 신앙을 국민 정체성의 중요한 부분으로 인식하게 된 영국인들은 왕실의 혈통보다 개신교 신앙을 우선시하였다. 제임스가 상비군의 병력을 대폭 증강하자 의회 지도자들은 왕이 대륙식의 절대왕정을 추구하고 있다고 의심하게 되었다. 결국 의회 지도자들은 정파에 상관없이 왕을 몰아내고 개신교도였던 그의 딸 메리와 메리의 남편인 네덜란드의 오란예공 빌럼을 왕으로 옹립하는 데 합의하였다. 윌리엄(빌럼의 영국식 이름)은 의회의 요청대로 1만 5천

명예혁명 후 즉위한 윌리엄과 메리

명의 병력을 이끌고 영국을 침공했는데 공황 상태에 빠진 제임스 2세가 국새를 템스 강에 던지고 프랑스로 도주하자 무혈혁명이 되어버렸다. 이것이 명예혁명이라는 사건이었다.

윌리엄은 의회가 제시한 여러 조건을 수락하고서야 왕으로 즉위할 수 있었고 의회는 그 조건들을 다음 해에 권리장전(1689)으로 공포하였다. 그 가운데 가장 중요한 것은 의회의 동의 없이 세금을 거두거나 상비군을 둘 수 없다는 원칙이었다. 의회는 또한 정기적인 의회 소집도 요구했고 국가재정을 통제할 권리도 요구하였다. 이제 국왕이 아니라 의회가 주권의 담지자라는 의회주권이 확립되었고 국정 전반에서 의회가 왕에 앞선다는 사실이 명시되었다. '의회 안의 왕(king-in-parliament)'이라는 원칙이 확립되었던 것이다. 즉 왕은 의회에 의해 존재하게 되고 의회의 통제를 받는 존재라는 원칙과 함께 '입헌군주제'라는 영국 정치제도가 오늘날의 모습을 갖추게 되었다. 동시에 가장 중요한 변화 가운데 하나로 종교적 관용이 선포되었다. 가톨릭교도들은 대륙의 절대왕정들과 결탁하여 국가적 위협이 될 수 있다는 이유로 배제되었지만, 개신교의 모든 종파들은 이제 관용의 대상이 되었다.

명예혁명은 국민이 자의적이고 전제적인 정부를 갈아치울 수 있다는 로크의 사상과 일치하였다. 앞서 언급되었듯이, 정부가 국민의 합의 또는 동의에서 생겨난다면 정부가 잘못을 저질렀을 때 그 정통성은 사라지고 국민은 정부에 저항할 권리를 가지게 되는 것이다. 실제로 로크의 이 사상은 영국의 명예혁명을 정당화하는 데 기여했고 근대 자유민주주의 발전의 기초가 되었다. 명예혁명 후 영국은 정치적 안정 위에 경제적 번영을 구가하게 된다. 안정된 정부하에서 재능 있는 사람들에게 기회가 열려 있는 사회로 발전했으며, 개인의 사적 욕구가 교환되고 충돌하는 장으로서 시민사회가 등장하고 발달하였다. 명예혁명 후 정부 정책을 주도하게 된 의회 구성원들은 대체로 지주들이었지만 무역과 상업에도 투자하고 있었기 때문에 상공업을 장려하고 확고한 사유재산권의 집행을 지지하였다. 의회가 직접 재정 지출을 통제하게 되자 의회는 기꺼이 세금을 올리고, 필요하다고 판단되는 분야에는 투자를 아끼지 않았다. 가장 많은 투자가 단행된 분야가 해군력이었는데 18세기에 영국은 해상을 장악하고 세계를 제패하게 된다. 당시 프로이센 주재 영국 대사가 받은 훈령은 '군인이기 전에 상인'이어야 한다는 것이었다.[19] 영국인들은 부의 진정한 원천은 무역이며 무역과 해군력은 상호의존적임을 잘 알고 있었다.

또 하나 눈여겨 볼 점은, 영국이 전 세계 해상력을 제패할 수 있었던 것은 명예혁명 후 영국 국가가 가장 효율적인 재정 국가를 성립하고 강력한 해군을 육성하여 전쟁에서 승리한다는 선순환을 성공시켰기 때문이다. 1700년부터 나폴레옹전쟁이 종결된 1815년까지를 일컫는 '긴 18세기'는 '두 번째 장미전쟁'으로 불릴 정도로 전쟁이 빈번한 세기였다. 그 전쟁에서 승리자로 우뚝 선 나라가 바로 영국이었다. 긴 18세기를 통해 영국이 거의 모든 전쟁에서 승리한 결정적인 이유는 영국 국가의 재정이 튼튼했기 때문이었다. 전쟁에서 가장 필요한 것은 '돈, 돈, 그리고 또 돈'이었다. 영국 국가는 과세와 국채 발행을 적절히 이용함으로써 전쟁 비용을 감당할 수 있었다. 국가 지출의 60%가 전쟁 비용이었기에 당연히 국민들은 높은 세금을 부담해야 했지만 세금이 간접세에 크게 의존하고 있었기 때문에 국민의 원성이 적었다. 게다가 영국의 조세는 공정했다. 영국에는 프랑스와 같은 세금징수 청부인과

---

19 폴 케네디, 이일수·전남석·황건 공역, 『강대국의 흥망』(한국경제신문사, 1988), 142면.

세리, 중개인이 없었고, 프랑스와 달리 사회 엘리트는 어떤 면세 특권도 누리지 못했으며, 모든 과세는 의회의 토의를 거쳐야 했다. 영국인들은 비교적 많은 세금을 자진해서 내려 했고 지불 능력도 있었다. 나폴레옹전쟁 때 인구가 프랑스의 절반도 안 되는 영국의 세수입이 절대액에서 프랑스를 능가했다는 사실이 그것을 입증한다. 더욱 중요한 것은 영국이 소위 금융 혁명을 거치면서 공채나 양도성 장기 증권을 매각하는 적절하고 효과적인 자금 조달 장치를 발달시켰다는 것이다. 영국 은행의 설립(1694)이 그 중추 역할을 했다. 영국 정부는 18세기에 발발한 여러 차례의 전쟁 비용을 충당하기 위해 대규모로 그리고 적극적으로 공채를 매도하였다. 그것이 가능하기 위해서는 정부 신용이 반드시 필요했는데 그 점에서 영국은 다른 나라들과 차이가 있었다. 그 결과 금리는 계속 떨어졌으며 해외 투자자들, 특히 네덜란드인들이 영국 정부의 공채를 많이 샀다.[20]

이처럼 18세기를 통해 영국 국가가 점차 강해지자 그것은 영국의 자유주의자들에게 큰 우려를 자아냈다. 자유주의자들은 무엇보다도 자유를 '자의적인 정치권력의 부재'로 인식했기 때문이다. 그들은 국가권력을 제한하는 데 부단한 노력을 기울였고 결국 시민사회를 강하게 만듦으로써 해결책을 찾았다.[21] 영국인들은 세금, 전쟁, 국가재정 등의 현안에 대해 토론하고 국가를 견제하는 네트워크를 형성하여 정부에

---

20   폴 케네디, 『강대국의 흥망』, 104-105면.

21   박지향, 『정당의 생명력, 영국 보수당』(서울대학교 출판문화원, 2017), 1장 참조.

자신들의 의견을 전달하고 압력을 가하였다. 그것은 영국 시민사회가 이미 축적된 부를 기반으로 무시할 수 없는 세력으로 성장했기 때문에 가능했다. 결과적으로 영국 국가와 시민사회는, 국가는 해상력을 키워 대외적으로 국가의 안위와 무역을 지키지만 국내적으로는 경제와 시민사회에 간섭하지 않는다는 합의에 도달하였다. 그 결과 '예술을 찾으러 이탈리아에 가듯 이상적 정부를 보려면 영국에 가야 한다'는 말이 있을 정도로 영국 정치제도는 이상적이고 안정적인 것으로 인정받았다. 뿐만 아니라 영국은 경제적으로도 발전하여 당시 경제 강국이던 네덜란드를 따라잡고 선두에 우뚝 서게 되었으며 인류 역사상 최초로 산업혁명을 수행할 수 있게 되었다.

3 장

자유주의에서
민주주의로

명예혁명의 경험과 로크의 정치철학에 힘입어 영국에서는 자유주의 이데올로기가 사회를 장악하게 되었다. 자유의 가치는 18세기에 영국인의 국민 정체성의 핵심이 되었으며, 자유와 소유는 사회를 지탱하는 가치로 확립되었다. 자유로운 국민, 자유로운 사상, 자유로운 종교, 자유계약, 자유로운 기업, 자유 시장, 자유무역 등 여러 종류의 자유들이 '영국적인 것(Englishness)'을 구성하였다. 정치적으로는 입헌주의와 국민의 동의에 기초한 정부라는 두 가지 원칙을 실현시키는 과정이 전개되었고, 경제적으로는 공정한 법을 위배하지 않는 한 모든 규제를 철폐하여 경제활동에서 개인의 자유를 완벽하게 보장해야 한다는 원칙 위에 시장경제가 발달하였다. 자유주의는 19세기에 이르면 일종의 '종교'가 되었다는 평을 들을 정도로 시대를 장악했다. 오늘날에도 영국에서 자유주의의 영향력은 뚜렷하다. '모든 영국인은 다 자유주의자다. 보수주의자는 우측에 있는 자유주의자이고 노동당 지지자는 좌측에 있는 자유주의자다'라는 말이 있을 정도다.

한편 오늘날의 정의대로 민주주의를 정의하면 성년에 도달한 모든 시민에게 정치적 권리를 확대시키는 것이 되는데, 민주주의는 18세기 말에 발발한 프랑스혁명을 거치면서 본격적으로 등장하였다. 그러나 민주주의의 이상이 최초로 강력하게 선포된 것은 1640년대 영국 혁명기였다. 당시 수평파(Levellers)로 불린 사람들이 평등한 정치적 권리를 요구한 데서 민주주의의 근대적 기원을 찾을 수 있기 때문이다. 프랑스혁명 과정에서 민주주의를 더욱 과격한 형태로 실현하려는 시도가 있었지만 결국에는 나폴레옹의 독재로 귀결되었다.

19세기를 통해 자유주의와 민주주의는 다른 길을 걸었다. 그것은 프랑스혁명의 경험이 민주주의에 대한 자유주의자들의 우려 내지는 혐오를 심화시켰기 때문이었다. 자유주의와 민주주의가 과연 양립 가능한 것인지, 민주주의 사회에서 자유가 존립할 수 있을 것인지 등의 의문이 심각하게 고려되었다. 그럼에도 영국은 다른 나라와 달리 평화적이고 점진적인 진화 과정을 거쳐 자유주의에서 민주주의로 나아가는 데 성공하였다.

　　제2장에서 살펴보았듯이 로크(John Locke)의 정부론은 홉스(Thomas Hobbes)와 비슷한 사회계약설에서 출발한다. 『시민정부에 대한 두 논문』에서 로크는 자유와 소유의 속성을 간파하고 그에 기반을 둔 정치 이론을 전개하였다. 로크에 의하면 사람들이 정치 공동체를 만들고 국가를 이루어 그 통치에 굴복하는 주요 목적은 자신의 소유를 지키기 위함이다. 홉스가 당시 영국에서 생겨난 소유 관계의 발전을 완전히 무시하고 소유의 근원을 절대적 주권에서 찾은 데 반해 로크는 오히려 소유가 모든 정부의 원천이자 존재 이유라며 소유가 주권보다 앞선다고 주장하였다. 로크는 자유를 '법이 제한하지 않은 모든 일에서 나 자신의 의지를 따를 자유, 불안정하고 불확실하며 자의적인 타인의 의지에 복속되지 않을 자유'로 정의한다. 특히 법의 한도 안에서 자기 자신과 자신이 소유한 모든 것을 관리하고 처분할 수 있는 자유를 가장 핵심에 놓았다. '나는 나 자신을 소유한다'고 말할 때 나 자신이란 내가 창조한 모든 것을 의미하며, 우리의 인격과 육체라는 개념은 소유가 반드시 자유를 포함하고 있다는 것을 의미한다. 소유권은 각자 원하는 것을 정당한 방법으로 취득하고 사용하고 이익을 취하고 처분할 수 있는 권리를 뜻한다. 따라서 로크에게 시민적 자유는 무엇보다도 재산권을 뜻하며 그는 어떠한 정치권력도 소유자의 동의 없이 그 재산을 처분할 수 없다는 철저한 재산권 옹호론을 주장했던 것이다.[01] 이런 자

유와 소유의 기본 원칙 위에서 로크는 자유주의 이념을 확립하였다. 자유주의 사상의 대부분이 로크로부터 유래했는데 그것은 권위와 전통을 거부하고 개인, 자유, 이성과 관용을 강조하며, 입헌주의에 입각한 제한된 정부, 법치주의, 사유재산을 신성시하는 것 등을 포함한다.

자유주의는 해방의 이데올로기였다. 자유주의자들은 모든 특권을 철폐하고 개인의 성공에 대한 모든 인위적인 장애를 제거하며 사람들은 그들 자신의 주관적 가치나 선호에 따라 행동할 수 있어야 한다고 주장했다. 자유주의자들은 개인의 잠재력을 최대한 계발하고 발휘할 수 있는 사회를 만들기를 원했으며 '재능 있는 자에게 기회'가 보장될 것을 요구했다. 따라서 자유주의를 가장 열정적으로 받아들인 사람들은 바로 부상하는 부르주아지였다. 그들은 특권을 가지고 태어나지는 않았지만 능력과 재능을 갖추고 있고 열심히 노력하여 그 능력을 한껏 실현시키기를 원하는 사람들이었다.

소유와 자유에 핵심을 둔 로크의 자유주의 사상은 볼테르(Voltaire), 몽테스키외(Montesquieu) 같은 계몽주의 사상가들에게 전수되었고 세계로 확산되었다. 세계사적으로 매우 중요한 사건인 1776년의 북아메리카 독립전쟁 당시 제퍼슨(Thomas Jefferson)이 작성한 선언문은 로크의 사상을 그대로 표현하고 있다.

---

01 John Locke, *The Second Treatise of Government* (New York: The Liberal Arts Press, 1952). 특히 8장을 참조.

모든 사람은 평등하게 태어났으며 조물주에게서 몇몇 양도할 수 없는 권리를 부여받았는데, 그런 권리 중에는 생명, 자유, 행복의 추구가 있다. 이런 권리를 확보하기 위해 사람들 사이에 정부가 조직되었으며, 이런 정부의 정당한 권력은 통치를 받는 사람들의 동의에서 유래한다. … 오랫동안 전제정치 아래 계속되는 학대와 강탈이, 변함없이 동일한 목적을 추구하면서 그들을 절대적인 전제정치 아래 예속시키려는 의도를 분명히 할 때에는, 이와 같은 정부를 타도하고 그들의 미래의 안전을 위해 새로운 수호자를 갖추는 것은 그들의 권리이자 또한 의무이다.[02]

자유주의는 무엇보다도 인간이 자신을 위해 자신의 관점에서 생각한다는 개인주의의 형태를 취한다. 자유란 자신의 삶을 자신의 본성에 따라서 자신이 원하는 대로 자율적이고 자발적으로 영위하는 것이다. 자유주의자들은 권력은 누가 행사하든 그 자체 악이라는 의구심을 품고 있었다. 절대 권력은 절대적으로 타락한다는 말이 있듯이 권력은 휘두르는 사람을 타락시켜 그것을 잘못 사용하게 만든다는 것이다. 자유주의자들에게 권력은 군주의 손에 있건 인민의 수중에 장악되어 있건 간에 항상 하나의 질병이다. 따라서 자유주의자들은 국가 간섭을 최대한 억제하려 하는데 그것은 국가 개입이 클수록 부정부패, 시민의식의 결여, 이전투구가 많아진다는 이유였다.

02 나종일 편역, 『자유와 평등의 인권선언 문서집』(한울, 2012), 261면.

다음으로 자유주의가 중히 여기는 가치는 평등이다. 자유주의자들은 개인들이 동등한 도덕적 가치를 지닌다는 의미에서 인간은 평등하게 태어났다고 간주한다. 그러나 자유주의가 주장하는 평등은 기회의 평등일 뿐 결과나 보상이 평등해야 한다거나 삶의 조건이나 사회적 환경이 모든 사람에게 동일해야 한다고 말하는 것은 아니다. 모든 사람은 똑같이 태어난 것이 아니라 서로 다른 재능과 기술, 일에 대한 의지 등에서 차이가 있기 때문에 사회적 평등은 바람직하지 않다는 것인데, 여기서 자유주의는 실력주의로 나아간다. 완벽한 평등은 아이들을 부모로부터 떼어 내서 '아이들 농장'에서 키울 때에야 이룰 수 있을 것이고, 그럴 때조차 아이들 사이의 내재한 차이를 없앨 수는 없을 것이라는 주장이다.[03] 후술하듯이 평등에 관한 입장에서 자유주의자와 민주주의자가 가장 첨예하게 대립한다.

자유주의자들이 주장하는 자유와 기회의 평등을 공정하게 실현시키고 사회의 여러 규칙이 공정하게 적용되기 위해서는 법치주의가 필요하다. 로크는 법이 없으면 자유도 없다고 말했다. 자유주의는 신분이나 재산에 상관없이 법 앞에서 모든 사람은 평등하다고 주장하는 근대 법치주의 사상을 낳았다. 자유주의의 또 다른 중요한 가치는 관용, 즉 도덕적·문화적·정치적 다양성을 인정하고 장려하는 것이었다. 관용에 대한 관점은 17세기에 로크와 밀턴(John Milton)과 같은 사상가들이 종교의 자유를 옹호하면서 처음으로 나타났고 관용을 최대한

---

03 박지향, 『정당의 생명력, 영국 보수당』(서울대학교 출판문화원, 2017), 1장.

강조한 사상가는 존 스튜어트 밀(John Stuart Mill)이었다. 정리하자면, 로크로부터 시작하여 애덤 스미스(Adam Smith)를 거쳐 19세기 중반에 밀에 의해 정리된 고전적 자유주의의 핵심 주제는 개인과 개인의 자유의 절대적 중요성, 기회의 평등, 법치주의 등으로 요약된다.

로크에 이어 자유주의 원칙을 완성시키는 데 가장 중요한 기여를 한 사상가는 존 스튜어트 밀이었다. 밀은 고전적 자유주의의 완성자이면서 동시에 새로운 내용의 자유주의의 기초를 닦은 인물이다. 즉 개인주의와 자유방임을 핵심으로 하는 고전적 자유주의(Classical Liberalism)로부터 19세기 말에 나타나는 빈곤의 해결과 분배적 정의, 사회적 조화를 강조하는 사회적 자유주의(New Liberalism)를 연결시켜준 사상가다. 밀은 자유를 두 가지로 구분하였다. 즉 자신에게 국한된 자유와 타인과 관련된 자유로 구분되는데, 단순히 자신에게만 관계되는 부분에 대해서는 개인의 독립성은 당연히 절대적이며 개인은 자기 자신에 대해서, 즉 자신의 육체와 정신에 관해서 주권자라는 것이다. 그러나 어떤 사람도 완벽하게 혼자일 수 없다. 모든 사람의 행동은 직접적, 간접적으로 타인에게 영향을 끼치게 마련이기 때문이다.[04]

그렇다면 개인의 자유는 어디서 끝나고 국가 권위는 어디서 시작되는가? 밀은 개인이 다른 사람에게 골칫거리가 되거나 다른 사람들의 이해관계에 악영향을 미칠 수 있는 행동을 할 경우에 사회의 보호

---

04 John Stuart Mill, *Utilitarianism, Liberty, Representative Government* (EVERYMAN's Library, 1968), pp.131-133, 136.

존 스튜어트 밀   애덤 스미스

를 위해 필요하다고 판단하면 사회적, 법적 처벌을 받을 수 있다고 생각하였다.[05] 사회에 악영향을 미치는 예로 교육이 있다. 즉 부모가 자식에게 교육을 시키지 않는 것은 도덕적 죄악이므로 국가는 그들이 의무를 다하도록 강제해야 한다는 것이다. 자유의 원칙 자체를 부정하는 행위도 금지되어야 한다. 스스로를 노예로 파는 것이 그런 경우다. 자기 자신을 노예로 파는 행위는 자유라는 목적 자체를 배반하는 것이므로 그런 자유를 허용해서는 안 된다. 자유의 원칙은 개인이 자유롭지 않게 될 자유를 허용하지 않는다는 것이다.[06] 이처럼 밀은 개인의 의사

05 Mill, *Utilitarianism, Liberty, Representative Government,* pp.114, 149.
06 Mill, *Utilitarianism, Liberty, Representative Government,* pp.158-160.

에 반하여 권력을 정당하게 행사하는 유일한 목적은 타인에게 해를 끼치는 것을 방지하는 것이고 그 기능은 국가가 담당해야 한다고 생각하였다. 자유주의자로서 밀은 국가를 불신했지만 국가에게 악을 파괴하는 역할을 부여했던 것이다.

이렇게 개인과 국가의 관계를 정리함으로써 고전적 자유주의를 완성한 밀은 경제적 맥락에서 자유주의의 새로운 영역을 개척하여 그 성격을 바꾸는 데 일조하였다. 경제적 자유주의의 기초를 마련한 인물은 애덤 스미스와 데이비드 리카도(David Ricardo)였다. 스미스로부터 시작된 고전 경제학은 경제활동의 절대적 자유를 주장하고 지난 수백 년 동안 자본주의 경제의 놀라운 성장을 가져다 준 시장경제의 원리를 제공해주었다. 스미스는 그때까지 인간을 바라보던 원리인 금욕과 이타심에서 벗어나 '이기심'을 인간의 가장 강력한 본성으로 인정하고, 이기심과 사회적 이익의 조화에 대해 고민하였다. 그의 결론은 개인은 본격적으로 사회 이익을 증진시키려 할 때보다 오히려 개인적 이익을 추구할 때 더욱 효과적으로 사회의 이익을 증대시킨다는 것이다. 즉 각 개인이 자신의 이익을 최대한 추구하도록 방임할 때 그 결과는 불안정과 파멸이 아니라 조화와 경제성장의 극대화로 나타난다. 개인의 자기 이익 추구가 사회 전체의 발전으로 이어지기 때문에 국가의 규제가 불필요하고 국가는 가능한 한 최소한으로 경제에 간섭해야 한다. 위대한 국가란 개인의 에너지를 해방시켜 그 활동을 방해하지 않는 국가를 의미한다.

이러한 스미스의 통찰력이 현대 경제학의 출발점이 되었다. 사실 '보이지 않는 손'은 스미스 이전으로 소급된다. 개인의 이해관계는 사회 전체의 공적인 선과 모순되지 않으며 오히려 그것을 촉진시킬 수 있을 것이라는 생각은 스미스가 등장하기 전에 이미 영국에 보편화되어 있었다. 대표적으로 맨드빌(Bernard Mandeville)은 전통적 미덕이 오히려 경제 발전을 저해한다면서 '개인의 악덕은 공공선'이라는 과격한 주장까지 펼쳤다. 다시 말해 개인의 사치와 낭비는 수요를 유발해서 생산을 촉진하며, 절도·폭력과 같은 범죄조차 경찰과 법관의 고용을 증대시킴으로 경제에 도움이 된다는 주장이었다. 그는 빈곤으로 인한 굶주림이 노동자를 태만하지 않고 부지런히 일하도록 하는 역할을 하기 때문에 빈민을 구제하는 것은 불필요하며 생산을 감소시킨다는 극단적 주장까지 개진하였다. 맨드빌은 50여 년 전에 이미 스미스를 예견했던 것이다.

그러나 스미스의 『국부론』(1776)이 발간된 지 70여 년이 지난 세상을 살고 있던 존 스튜어트 밀은 시장경제가 발전하면서 나타난 여러 문제점, 특히 노동계급의 극심한 빈곤과 자본가들의 이기심을 외면할 수 없었다. 그는 스스로를 사회주의자라고 부를 정도로 사회정의를 심각하게 고민했지만 사유재산제와 경쟁에 대한 신념을 버리지 않음으로써 사회주의자들과 근본적으로 다른 입장을 취했다. 그것은 사회주의하에서는 개인의 개성과 기로를 발전시킬 여지가 축소될 것이라는 우려 때문이었다. 밀은 경쟁에는 불편함이 따르지만 진보를 위한 불가결한 자극제가 된다고 믿었다. 사람들은 경쟁자가 존재하지 않는 한, 자신의 습관을 바꾸어 새로운 생산방식을 택하려 노력하지 않기 때문이다. 결국 밀은 경제를 생산과 분배의 두 영역으로 분리함으로써 문제를 해결하려 했다. 즉 부의 생산은 자연적 '경제 법칙'에 따라 결정되지만 부의 분배는 '사회적 문제'이며 인간의 의지에 달린 것이기 때문에 분배 정의와 빈곤을 고려해 달라질 수 있다는 것이다.[07] 그의 이러한 새로운 자유주의적 해석은 고전적 자유방임주의를 변형시킨 것이며 19세기 말에 사회적 자유주의의 등장으로 이어졌다.

| 자유주의적 개혁 |

자유주의는 19세기 이후 영국의 정치·경제·사회 모든 면에서 지고의 가치로 군림했고 영국 사회는 자유와 그에서 파생된 가치를 근거로 움직였다. 자유에서 파생한 가치는 우선 자조와 자립, 그리고 개인의 책임이었다. 어떤 인간이 자유롭다는 것은 그가 독립적이라는 의미이며 그것은 또한 자신의 삶에 책임을 진다는 의미였다. 자유를 잃은 노예의 행동은 그 주인이 결정하는 것이기에 노예는 자신의 행동에 대해서 책임질 일이 없다. 그러나 그 누구도 주인이라 부르지 않으려면 자유인은 자신의 판단과 행동에 책임을 져야 하는 것이다. 가난

---

07 김완진, 〈J. S. 밀의 자유주의론〉, 「경제논집」 35권 2호(1996.9), 299면.

도 같은 맥락에서 이해되었다. 가난은 사회구조의 문제가 아니라 개인의 나태와 무절제 탓으로 간주되었다. 이러한 자립과 자조의 가치관은 오늘날에도 영국인들의 심성에 자리 잡고 있다. 1977년에 실시된 조사에 의하면 영국인들의 43%가 가난은 게으름과 의지력의 결여 때문이라고 응답했는데 이것은 유럽 전체의 평균 25%보다 훨씬 높은 수치였다.

19세기 영국은 스미스가 주장한 최소한의 국가 원칙을 충실히 따랐다. 자유로운 경제활동을 제한하는 모든 장애를 제거하고 시장경제의 기본을 세우는 것이 추진되었고 궁극적으로 19세기 중엽이 되면 영국 국가는 경제활동에 대한 모든 간섭에서 손을 떼게 된다. 스미스와 리카도가 주장한 자유방임과 자유무역론이 대세가 되어 거의 모든 관세가 폐지되었는데 이러한 정책은 1931년 대공황 시대까지 지속되었다. 자유무역을 주장한 사람들은 그것이 가져다 줄 정치적 효과도 노렸다. 즉 분업은 인간을 다른 사람에게 의존하는 사회적 동물로 변화시켜 평화를 유지시켜 준다는 것인데 실제로 나폴레옹전쟁이 종결된 1815년부터 한 세기 동안 유럽은 평화를 유지했다.

시대를 장악한 자유주의의 기조하에서 영국 사회는 여러 부문에서 개인의 자유를 제한하는 장애물들을 제거하고 사회를 합리적으로 개선하려는 개혁이 진행되었다. 19세기를 '개혁의 시대(The Age of Reform)'라고 부르는 이유다. 개혁 요구의 핵심에는 정치권력을 재분배하자는 중간계급의 요구가 있었다. 물론 이에 대하여 기득권을 가진 토지 엘리트층은 명예혁명이 만들어 놓은 헌정 체제가 가장 완벽한 형태라며 반대하였다. 왕정은 타락하면 폭정이 되고 귀족정이 타락하면 과두정이 되고 민주정이 타락하면 우중정치 혹은 무정부 상태가 되는데, 명예혁명 이후의 영국 헌정은 그 세 가지를 잘 조화함으로써 가능한 최고의 헌정 체제를 만들어냈다는 것이 그들의 주장이었다. 그러나 19세기 초에 이르면 정치적 국민(political nation)에 포함될 것을 요구하는 중간계급의 목소리가 엘리트층의 목소리를 압도하게 되었다.

그렇다면 자유주의하에서 정치적 권리는 어떻게 규정되는가? 성년에 이른 모든 사람이 평등하게 한 표씩 행사하는 민주주의와 달리, 자유주의하의 선거권은 그 권리를 행사할만한 '자격'이 있음을 입증한 사람들에게 주는 포상이다. 정치적 참여를 위해 갖추어야 할 덕성 가운데 가장 중요한 것은 경제적·정신적 자립이었다. 독립적이지 못한 사람, 다시 말해 경제적으로 남에게 의존하거나 투표할 때 타인의 눈치를 봐야 하는 사람은 선거권을 행사할 자격이 없다는 것이 자유주의자들의 입장이었다. 미덕을 입증한 사람들의 수는 한계가 있을 수밖에 없었고 따라서 참정권 역시 대단히 제한적이었다. 19세기 초에 투표권을 가진 사람들은 전체 성인 인구의 2%에 불과했고 의회는 전통적 엘리트인 토지 지주층이 장악하고 있었다.

그러나 1830년쯤 되면 영국의 부는 토지만이 아니라 상공업에서 생산되고 있었고 경제적으로 부상하고 있던 중간계급은 정치권력의 독점 구도를 깨뜨리려고 시도하게 된다. 낡은 정체제도의 문제점에는

유권자의 수가 너무 적다는 사실 외에 당시 진행되고 있던 사회경제
적 변화를 전혀 반영하지 못하는 선거구도 포함되었다. 예를 들어 산
업혁명이 일어나 대규모 인구가 유입되어 대도시가 된 버밍엄, 맨체
스터 등은 의회에 대표를 보내지 못하고 있는 반면, 유권자가 7명에
불과한 올드 세럼이라는 선거구도 존재했다. 신흥 산업도시인 맨체스
터는 1770년에는 인구가 3만 명에 불과했지만 1851년에는 30만 명에
육박할 정도로 비약적으로 성장하였다. 이런 문제점들에 대한 총체적
불만이 1830년경에 의회 개혁에 대한 요구로 분출하였다. 간략히 종
합한다면, 영국에서는 1832년에 시작하여 약 100년 동안 총 다섯 차
례에 걸친 선거법 개정으로 참정권이 확대되어 1928년에 이르면 성인
남녀 모두가 동등하게 투표권을 갖게 되었다. 다시 말해 자유주의에
서 민주주의로의 이행이 이루어진 것인데 그 과정은 100년이라는 긴
시간을 필요로 했다.

영국의 선거법 개정

	유권자	성인인구 중 비율
제1차(1832)	중간계급 이상	5%
제2차(1867)	상층 노동계급 이상	16%
제3차(1884)	모든 독립적 남성	29%
1918년 개정법	21세 이상 남성/30세 이상 여성	74%
1928년	21세 이상 모든 성인	100%

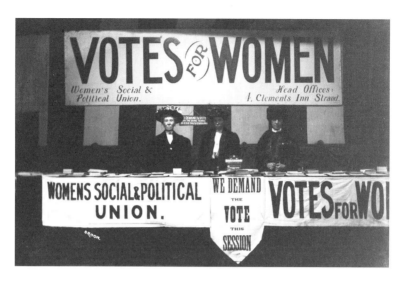

여성참정권 운동

　제1차 선거법 개정은 당시 집권 정부를 무너뜨릴 정도로 극심한 소요 속에서 실현되었지만 결과적으로는 21세 이상의 성인 남녀 전체 가운데 5%만이 선거권을 획득하게 되었다. 물론 이전에 2%밖에 되지 않는 극소수만이 선거권을 행사하고 있었던 것에 비하면 두 배 이상 증가한 것이었다. 제2차 선거법 개정은 주로 도시에 거주하는 상층 노동계급에게 혜택이 돌아갔다. 1884년 제3차 선거법 개정에 이르러서야 모든 독립적 남성, 즉 모든 세대주가 투표권을 갖게 되었다. 그러나 그때까지도 모든 여성은 정치적 권리에서 배제되었다. 당연히 여성참정권 운동이 들불처럼 일어났고 평화적 운동과 함께 폭력도 난무했지만 소용이 없었다. 그러다 제1차 세계대전이 끝난 후인 1918년에 21세 이상의 남성과 더불어 30세 이상의 여성도 참정권을 얻게 되었다. 20대 여성은 정서적으로 불안하고 이성적 판단을 할 능력이 없다는 이유로 배제되었다. 그러나 10년 후인 1928년에 21세 이상 여성에게도 참정권을 부여함으로써 드디어 남녀평등 보통선거제가 실현되었다.

| 민주주의에 대한 우려 |

이처럼 민주적 선거제로의 이행이 느리게 진행된 이유는 민주주의에 대한 우려 때문이었다. 민주주의의 핵심은 모든 사람이 평등하게 한 표씩 행사하는 정치적 권리다. 그러나 그에 대한 우려가 플라톤(Plato)과 아리스토텔레스(Aristoteles) 이래 계속되었는데, 주된 이유는 다수의 횡포와 우중 정치에 대한 우려였다. 근대 들어 민주주의에 대한 비판에서 가장 돋보이는 인물은 에드먼드 버크(Edmund Burke)였다. 프랑스혁명을 지켜보면서 보수주의 원칙을 다진 버크는 민주정에서는 격렬한 의견 대립이 있을 때마다 다수파가 소수파에 대해 가장 잔인한 압제를 행사할 수 있다는 점을 깨달았다. 버크는 소수파에 대한 다수의 탄압이 일인 지배에서 우려될 수 있는 어떤 탄압보다도 훨씬 더 광범위하게 미치며 더 격렬하게 행해진다는 점을 지적했는데 그의 지적은 프랑스혁명에서 사실로 드러났다.[08]

18세기 말경에 영국과 프랑스에서 민주주의가 정치적 현실로 등장하면서 자유주의와 민주주의의 갈등이 시작되었다. 자유주의와 민주주의는 때로는 나란히 때로는 별개로 진화했는데, 그것은 참정권의 확대를 자유주의 국가에 있어서 본질적으로 필요한 요소로 볼 것인지, 아니면 민주적 선거제가 자유주의 국가 발전에 장애가 될 것인지에 대한 시각에 따른 것이었다. 두 이데올로기의 차이점은 우선 권력에 대한 시각에서 드러난다. 앞서 언급되었듯이 자유주의는 기본적으로 권력 자체를 신뢰하지 않는다. 권력은 작을수록 좋다는 것이 자유주의의 대원칙이다. 자유주의는 '자유가 만들어낸 것'으로서의 국가(the state as the creature of liberty)와 '자유를 만드는 자'로서의 국가(the state as creator of liberty)가 서로 반대라는 사실을 예리하게 의식해 왔다.[09] 반면에 민주주의는 권력이 많고 적은가의 문제가 아니라 권력이 누구한테 있는지, 즉 권력이 다수한테 있는지 혹은 소수에게 있는지에 관심을 집중한다. 즉 자유주의는 권력이 강하면 안 된다고 생각하여 권력을 제한하려는 것이고, 민주주의는 권력을 다수가 가지고 있다면 그 다수가 어떤 다수인지는 상관하지 않는다.[10]

두 번째로 자유주의와 민주주의의 시각 차는 평등에 대한 관점에서 두드러지게 드러난다. 앞서 살펴보았듯이 로크는 평등을 자유의 한

08 에드먼드 버크, 이태숙 역, 『프랑스혁명에 관한 성찰』(한길사, 2010), 210-211면.
09 Guido de Ruggiero, *The History of European Liberalism* translated by R. G. Collingwood (Boston: Beacon Press, 1959), p.377.
10 노르베르토 보비오, 황주홍 역, 『자유주의와 민주주의』(문학과 지성사, 1992), 64-65면.

단면으로 보았으며 자유와 평등을 상호배타적으로 파악하지 않았다. 즉 평등을 '다른 사람의 의지나 권한에 종속되지 않고 모든 사람이 자신의 자연적 권리를 가질 수 있는 동등한 권리'라고 상정했는데, 단순하게 표현한다면 모든 사람은 평등하므로 아무도 타인의 자유를 억압할 권리가 없다는 의미이다.[11] 사실 역사적으로 볼 때 자유를 위한 투쟁의 가장 큰 목표는 법 앞의 평등이었다. 신분이나 재산에 상관없이 모든 사람은 법 앞에서 평등하다는 근대 법치주의 사상이 자유주의의 기본에 있었다. 그들은 사회의 여러 규칙이 공정하게 적용되기를 희망한다는 의미에서 법 앞에서의 평등을 지지했다.

자유와 평등이 현실 세계에서 일으키는 충돌을 가장 심각하게 고민한 사람은 프랑스의 정치가면서 역사가였던 토크빌(Alexis de Tocqueville)이었다. 토크빌은 1830-1831년에 미국으로 건너가 그곳의 체제를 집중적으로 관찰하고 난 후『미국의 민주주의(Democracy in America)』를 집필하였다. 그는 프랑스혁명을 경험한 후에 전개되고 있는 19세기의 역사는 민주주의로 향하는 데 있어 급격하고 중단시킬 수 없는 추진력을 가지게 되었음을 깨닫고 있었다. 토크빌은 민주주의를 모든 사람이 공공의 일에 참여하는 정부의 한 형태로 생각했는데, 이런 의미에서 민주주의는 귀족제와 반대되는 것이다. 그러나 토크빌이 가장 인상 깊게 본 민주주의의 특성은 평등이었다. 토크빌은 자유란 어느 특정 시대와 배타적으로 결합되지 않지만 사회 조건의 평등은 민

11 리처드 파이프스, 서은경 역, 『소유와 자유』(나남. 2008), 91면.

미국의 민주주의

주주의 시대와 굳건히 결합될 뿐만 아니라 민주주의의 특성임을 깨달았다. 민주 사회에서 사람들은 자유를 빼앗기면 유감스럽게 생각하는 정도에 그치지만 평등에 대한 그들의 열정은 '열렬하고 탐욕스럽고 지칠 줄 모르며 제어할 수 없다.'

> 그들은 자유 속에서의 평등을 요구한다. 그러나 그것을 획득할 수 없을 때는 노예 상태에서의 평등마저 요구한다. 그들은 빈곤과 노예 상태와 야만상태는 참고 견딘다. 그러나 그들은 귀족주의는 용납하지 않으려 한다.[12]

토크빌의 결론은 자유주의 이상과 민주주의 이상은 화합할 수 없다는 것이었다. 그러나 동시에 자신은 자유주의자였지만 역사의 흐름이 민주주의로 향하고 있음을 인정해야 했다. 그것은 매우 비관적인 전망이었지만 그는 민주주의가 대중에게 정치적 학습을 제공하는 유일하게 효과적인 수단이라는 사실에서 위안을 찾았다.

토크빌과 동시대인이면서 서로 존경하고 영향을 주고받았던 존 스튜어트 밀도 민주주의 사회의 도래를 우려했고 민주주의 제도를 어떻게 보완할 것인지에 대해 심각하게 고민하였다. 앞서 살펴보았듯이 밀은 자유주의 이론을 완성한 사상가로 중요하지만 동시에 민주주의 사회를 예견했다는 점에서도 중요하다. 밀이 활동하던 시기 영국에서는 선거권의 확대를 위한 노동 대중의 운동과 선동이 치열했다. 밀은 비록 민주주의 시대가 다가오고 있음을 깨달았지만 끊임없이 수적 다수의 지배를 불신했고 어떻게 하면 다수의 전제정치를 피할 것인지, 어떻게 하면 민주주의가 우중 정치로 전락하는 것을 막을 것인지를 고민하였다. 『자유론(On Liberty)』과 『대의정부론(Representative Government)』을 통해 밀은 자유주의와 민주주의의 관계에 천착했는데, 특히 민주주의가 야기할 다수의 횡포와 질적 저하에 대하여 고민하였다. 토크빌에게나 밀에게나 민주주의는 '51%의 지배'라는 다수결주의로 전락하고 말며 정부 형태로서의 민주주의는 결국 다수의 횡포를 포함하게 마련이다. 민주주의는 평준화의 위험을 필연적으로 수반하여 결국 지적

12 알렉시 드 토크빌, 박지동 역, 『미국의 민주주의』(한길사, 1983), 499면.

토크빌

능력이 점차 떨어지는 대중에게로 권력이 넘어가게 되며 종국에는 다수의 횡포라는 또 하나의 독재 형태를 낳게 된다는 것이다. 밀은 대의 민주주의에 내재한 위험을 두 종류로 파악하였다. 하나는 대의기관과 그것을 통제하는 여론의 지적 능력이 낮다는 위험이고, 다른 하나는 수적으로 다수를 차지한 사람들이 부과할 계급 입법의 위험이다. 밀은 대의 정부의 자연스런 경향을 무엇보다도 '집단적 평범화'로 파악한다.[13] 그는 스스로를 사회주의자라고 정의할 정도로 사회주의나 사회정의에 관심을 보였지만 그런 밀조차 민주주의가 함유하고 있는 다수의 횡포와 질 낮은 우중 정치를 심각하게 고민했던 것이다.

그럼에도 불구하고 밀 역시 시대의 흐름이 민주주의로 향하고 있음을 부정할 수 없었다. 따라서 밀은 민주적 선거제도가 가진 맹점을 보완하기 위한 대안을 제시했는데 우선 그는 일정한 지적·도덕적 수준에 도달한 사람에게만 참정권을 부여해야 한다고 생각했다. 그의 표현에 의하면 모든 사람은 '인간으로서 동등한 가치'를 가질 때까지 평등한 목소리를 가져서는 안 된다. 밀은 읽기·쓰기·산술을 참정권의 기본 조건으로 간주했다. 따라서 보통선거제를 도입하기 전에 먼저 할 일은 보편적 교육을 통해 대중의 지적 능력을 향상시키는 것이다. 즉 보편적 교육이 보통선거보다 앞서야 한다. 밀이 제시한 두 번째 대안은 일부 사람의 선거권을 박탈하는 동시에 일부에게는 복수투표권을 행사하도록 하는 것이다. 그렇게 함으로써 민주주의의 1인 1표제를 보완해 보고자 했다. 선거권 행사에서 제외되어야 할 사람에는 세금을 내지 않는 사람과 파산한 사람이 포함된다. 그것은 어떤 개인이 만약 세금을 내지 않는다면 남의 돈을 함부로 낭비할 경향이 충분히 있기 때문이다. 국가 부조를 받는 사람도 배제해야 한다. 여기서 자립과 자조를 믿는 자유주의자로서의 밀의 풍모가 드러난다. 한편 밀은 평균보다 뛰어난 능력을 가진 사람에게는 복수투표권 부여를 제안했지만 그

---

13 Mill, *Utilitarianism, Liberty, Representative Government*, pp.256, 261, 265.

기반을 태생이나 재산이 아니라 '교육'과 '전문적 능력'에 두었다.[14] 이런 밀의 파격적인 주장이 이해되기에는 시간이 필요했지만 실제로 영국은 1884년 선거법 개정기에 대학졸업자와 기업주들에게 복수투표권을 부여했고 그 제도는 1948년에 노동당 정부에 의해 폐지될 때까지 지속되었다.

| 자유민주주의 |

토크빌과 같은 19세기 자유주의자들에게 권력은 군주에 손에 있건 인민의 수중에 있건 항상 질병이며, 중요한 정치적 문제는 누가 권력을 가지고 있는지가 아니라 그 권력을 어떻게 통제하고 어떤 제한 조건하에 두는지 였다. 정부가 다수의 지배하에 있느냐 소수의 지배하에 있느냐에 따라 선한 정부인지 악한 정부인지를 판정한 민주주의자들과는 전혀 다른 접근이다. 20세기 들어서도 자유주의자들은 민주주의가 개인적 자유의 적이 될 수 있다는 점을 가장 우려했다. 스페인의 철학자 호세 오르테가 이 가세트(Jose Ortega y Gasset)는 민주주의와 자유주의는 완전히 다른 물음에 대한 두 가지 답변이라고 지적했다. 민주주의는 '공권력을 누가 행사해야 하는가'에 대한 답으로 그 답은 시민이 공권력을 행사해야 한다는 것이다. 그러나 공권력의 행위가 어떠해

---

14   Mill, *Utilitarianism, Liberty, Representative Government*, pp.280-285.

야 하는가에 대해서는 다루지 않은 채 단지 그 권력이 누구에게 속하는가를 결정하는 문제에만 관심을 갖는다. 다른 한편 자유주의는 '누가 공권력을 행사하는가에 상관없이 그 한계는 무엇이어야 하는가'라는 질문에 대한 답이다. 공권력이 독재자에 의해 행사되든 대중에 의해 행사되든 그것은 절대적일 수 없다고 본 자유주의자들은 개인이 국가의 어떠한 개입보다도 상위에 있는 권리를 갖는다는 원칙을 지키는 것이 중요하다고 주장했다.[15]

오랫동안 대립 관계에 있던 자유주의와 민주주의는 궁극적으로 자유민주주의로 결합되었다. 그러나 두 이데올로기가 합의에 이르기 전에 과연 민주주의를 자유주의 국가의 바람직한 실현이며 확대라고 볼 수 있을까라는 문제에 대한 답이 필요했다. 자유주의가 주장한 자유는 절대왕정을 입헌주의 정부로 대체하는 자유이고, 민주주의가 주장한 자유는 정치적 참여의 폭을 모든 사람들에게 넓혀야 한다는 자유를 의미한다. 여기서 만약 민주주의를 '국민이 주권을 갖는다'는 원칙과 동의어로 받아들인다면 자유주의와 민주주의는 양립 가능할 뿐만 아니라 나아가 민주주의를 자유주의의 자연스러운 발달의 성과로까지 수용할 수 있는 여지가 생기게 된다.[16] 즉 민주주의의 핵심을 평등이 아니라 인민주권으로 파악하면 자유주의와 민주주의는 양립이 가능하고 민주주의는 자유주의의 자연스런 발달의 성과로서 수용될 수 있는

---

15 프리드리히 하이에크, 김균 역, 『자유헌정론』(자유기업센터, 1997), 1권, 179면 각주 참조.
16 보비오, 『자유주의와 민주주의』, 48면.

것이다.

그런 합의 선상에서 영국과 그 뒤를 이어 서유럽의 자유주의 국가에서는 자유주의 제도의 정치적·법적 구조의 근본적인 변화 없이 모든 시민들에게 정치적 권리를 확장하는 일이 완성되었다. 따라서 자유민주주의는 '대중적 동의'라는 이상을 '제한 정부'의 원칙과 균형 있게 조화시키는 정치적 지배 형태를 의미한다. 여기서 '자유주의적' 특징은 자유를 보장하고 국가로부터 시민들을 보호하기 위해 고안된, 정부에 대한 내적, 외적 견제 네트워크에 반영되고 있으며, '민주적' 특성은 보통 선거권과 정치적 평등 원칙과 어울리는 규칙적이고 경쟁적인 선거 제도에 나타나 있다.[17] 따라서 모든 사람들이 보편적으로 투표권을 갖는다는 것이 자유민주주의의 최소한의 조건이며, '자유'는 개인이 자유롭게 그의 의사를 표출할 수 있는 수단이 있어야 함을 의미한다. 앞서 살펴보았듯이 밀과 토크빌은 민주주의 체제하에서 가장 위험한 것은 다수의 횡포라고 간주했는데, 다수의 횡포는 폭력 행위가 아니라 다수의 의견에 동조하지 않는 사람들의 의견을 무시하고 말살해 버리는 것을 의미한다.

그러나 자유주의와 민주주의의 일치가 깔끔하게 마무리 지어지지는 않았다. 위에서 설명되었듯이 민주주의는 속성상 평등과 사회적 획일주의를 중시하기 때문에 정치 영역에서 개인적 요소를 희생해서 집합적이고 사회적인 요소들을 강조한다. 민주주의를 우려한 사람

17   앤드류 헤이우드, 양길현·변종헌 역, 『사회사상과 정치 이데올로기』(오름, 2014), 67면.

들은 그런 경향을 '민주주의하에서의 전제정'이라고 부르는데 그것은
'사회 최하층에서 발생하고 그것을 제한하거나 완화시킬 세력들을 파
괴함으로써 전진'하기 때문에 사실 제일 심각하고 위험하다. 밀을 연
상시키는 이탈리아의 정치 이론가인 루지에로(Guido De Ruggiero)는 민
주주의의 사악함은 수의 승리가 아니라 '저질적인 것의 승리'라고 못
박았다.[18] 토크빌 역시 민주주의가 오히려 정신의 자유를 제약하게 됨
을 지적하였다. 계급이나 인간에 의해 과해졌던 모든 속박을 타파한
인류는 '최대 다수의 일반의지에 의한 속박'에 얽매이게 되었다는 것
이다.[19]

    따라서 자유민주주의는 민주주의의 폐해를 보완하기 위해 개
인의 개별성과 독자적 생각을 매우 중요시한다. 밀은 특히 개별성
(individuality)의 개발이야말로 자기 발전의 핵심 요소로서 인간됨과 진
정한 행복의 필요조건이라고 확신하였다. 개성의 계발만이 인류의 발
전을 가져올 수 있다는 것이다. 천재는 극소수이며 그들이 탄생하기
위해 필요한 기반을 마련해주어야 하는데 천재는 자유의 분위기에서
만 숨 쉴 수 있다.[20] 밀이 판단하기에 개별성의 발전을 가장 저해하는
것은 억압적인 정치권력이 아니라 사회적 압제인데, 그것은 다수의 횡
포에 의한 법적·물리적 강제일 수 있고 혹은 사회적 관습이나 공공
여론일 수도 있다. 군중은 자신의 사상과 다른 사상을 용납하지 않으

---

18 Ruggiero, *The History of European Liberalism*, pp.375-376.
19 토크빌, 『미국의 민주주의』, 422면.
20 Mill, *Utilitarianism, Liberty, Representative Government*, pp.121-122.

며 대화와 토론이 아닌 힘으로 자신의 생각을 강요한다. 그러나 개인에게는 자신의 본성에 따라 양심적으로 사고하고 행동하는 용기가 필요하고, 사회에는 관용이 필요하다. 밀은 오직 생각들이 자유롭게 소통될 수 있는 곳에서만 '좋은 생각이 나쁜 생각을 대체'하는 가운데 무지가 사라지고 진리가 출현할 수 있다고 믿었다. 그는 민주주의와 '다수가 항상 옳다'는 아둔한 획일주의가 확산되면서 관용이 위협을 받게 됨을 우려했고, '마치 단 한 사람의 독재자가 인류 전체의 입을 막을 수 없듯이 인류 전체가 단 한사람의 이견을 막을 수 없다'는 원칙을 강조하였다.[21]

이처럼 자유민주주의라는 합성어에서 '자유'라는 접두어는 민주주의가 내포하는 집단성과 획일성 가운데에서 특별함과 개별성이 필요하다는 점을 강조하는 의미이다. 그러나 소위 자유민주주의라 불리는 사회에서조차 오늘날 '자유'보다는 민주주의가 강조되는 현상이 일반적이다. 보비오가 지적하듯이 민주주의 국가에서 개인의 비중이 차츰 줄고 집단의 비중이 차츰 증대되어 왔으며 개인이 아닌 대규모 조직체, 결사체, 노동조합, 정당과 같은 집단들이 정치적 주인공으로 등장하였고, 상호 적대적이고 갈등적인 집단들로 분열되어 있다.[22]

20세기 후반에 적극적으로 설립된 복지국가도 자유를 침해할 수 있는 소지를 안고 있다. 복지국가의 기저에 깔린 정서는 이 장에서 다

---

21 Mill, *Utilitarianism, Liberty, Representative Government*, pp.69, 127; 헤이우드, 『사회사상과 정치이데올로기』, 62면.
22 보비오, 『자유주의와 민주주의』, 116면.

론 평등에의 욕구를 담고 있다. 하이에크(Friedrich Hayek)는 20세기에 분출된 평등을 향한 대중적 욕구를 자유주의 전통에 정면으로 위배되는 것으로 파악했다. 모든 사람이 평등한 기회를 가져야 한다는 개념이 완전히 다른 개념, 즉 모든 사람이 동등한 출발과 동일한 전망을 보장받아야 한다는 개념으로 바뀌고, 기회의 평등을 넘어 보상과 분배의 평등을 주장하며, 정부가 그 역할을 행할 것을 요구하게 되었다는 것이다. 문제는 이처럼 사람들을 평등하게 만들기 위해서는 자유를 침해하고 억압할 수밖에 없다는 것이다. 하이에크는 자유와 평등 가운데 어느 하나를 성취할 수는 있지만 그 둘을 동시에 성취할 수는 없다고 지적했다.[23] 하이에크가 지적하듯이 모든 사람을 동일한 장소에서 출발하도록 하는 것은 가능하지도 않고 바람직하지도 않다. 그것은 누군가의 가능성을 박탈함으로써만 성취될 수 있기 때문이다. '차별을 수정하기 위한 역차별'이 발생하게 되는 것이다. 문제는 사회적 공정성을 추구하면서도 자유와 소유를 침해하지 않는 방법을 찾아내는 것이지만 해답은 쉽게 발견되지 않고 있는 상태다.

---

23 하이에크, 『자유헌정론』, 2권, 299면.

4 장

근대적 경제성장의
시작, 산업혁명

지난 수백 년간 인간의 힘은 경이적으로 증가하였다. 1500년에 지구 전체에 살고 있던 인류 수는 5억 명이었는데 오늘날에는 70억 명이다. 1500년 인류가 생산한 재화와 용역의 총 가치는 오늘날의 화폐로 치면 약 2,500억 달러였지만 오늘날 인류의 연간 총 생산량은 60조 달러에 가깝다. 인구는 14배로 늘었는데 생산은 240배로 뛰어오른 것이다.[01] 이처럼 인류가 잘 살게 된 것은 근대적 경제성장, 즉 지속적이고 지속 가능한 생산의 증가가 가능해졌기 때문이고, 그것은 산업혁명 덕분이다. 경제사적으로 볼 때 인류가 지구에 출현한 이후 몇 차례 결정적 사건이 있었는데 산업혁명이 그 가운데 하나다. 첫 번째 결정적인 사건은 지금으로부터 12,000년 전에 인류가 수렵·채집 생활을 버리고 정착하여 농경생활을 시작한 것이다. 수렵과 채집 시기에 인류는

01   유발 하라리, 조현욱 역, 『사피엔스』(김영사, 2015), 350-351면.

산업혁명 이전의 작업장

유목 생활을 했고 문명을 이룰 수 없었다. 그러나 농경 사회로 바뀌면서 인류는 공동체를 구성하고 지식을 축적하고 각종 제도를 만들어낼 수 있게 되었다. 그것은 문명의 시작을 의미했다.

　인류의 경제사적 삶에서 두 번째로 중요한 사건이 바로 산업혁명이다. 대략 1770년경에 유라시아 대륙의 외곽에 위치한 영국이라는 섬에서 시작된 산업혁명은 동력을 부착한 기계가 인간의 노동력을 대신하게 함으로써 엄청난 생산의 증대를 가져오고 인류의 삶을 근본적으로 바꾸어 놓았다. 석탄과 철강과 면직물로 상징되는 제1차 산업혁명은 영국을 '차원이 다른' 강대국으로 만들어주었다. 영국 없이 유럽 대륙의 산업화는 생각할 수 없다. 산업화에 관한 한 모든 나라는 영국을 추종하고 모방하였다. 마치 오늘날의 모든 인류가 호모 사피엔스의 후손인 것과 마찬가지로 모든 산업화는 영국 산업혁명의 후손인 셈이다. 후발 산업국가들은 영국 기술자들에게 의존했고, 영국의 청사진을 빌리거나 훔쳤으며, 영국의 기술을 따라 했다. 영국 외 모든 나라들은 영국을 바라보고 어디로 갈 것인지를 결정했지만 선구자인 영국은 혼자서 더듬고 길을 헤쳐 나아가야 했다.

왜 영국인가? 왜 다른 나라는 아니었나? 영국이 다른 나라와 다른 점은 무엇인가? 이 문제는 대단히 중요한 질문이고 많은 연구가 진행되어 왔다.

이 장에서는 산업혁명의 핵심적 내용을 짚어본 후 왜 영국이 최초로 산업혁명을 수행할 수 있었는지, 영국만의 강점은 무엇이었는지를 분석해 보기로 한다.

| 산업혁명의 핵심 |

산업혁명은 경제만이 아니라 거대한 사회·정치·문화적 대변혁이었다. 모키어(Joel Mokyr)의 정의에 따르면 산업혁명은 다수의 거시 발명이 짧은 기간에 집중적으로 발생한 현상인데, 거시 발명이란 경제의 다른 부문에 미치는 영향이 지대해서 수많은 미시 개량을 이끌어낼 수 있는 기술혁신을 말한다. 증기기관과 방적기를 예로 들 수 있다. 산업혁명은 또한 지속 가능한 근대적 경제성장에 더하여 노동의 본질을 변화시키고 개인이 사회와 맺는 관계의 성격을 변화시키고 자연을 통제하고 자연에 접근할 수 있는 능력을 가져다 준 사회혁명이기도 했다. 따라서 산업혁명의 본질이 무엇인가에 대하여 여러 의견이 있지만, 그 본질은 기술혁신이었다. 즉 인간의 기술과 노동력을 빠르고 규칙적이며 정확하고 지칠 줄 모르는 기계로 대체하고, 동력의 원천을 생물에서 무생물로 대체한 것이다.[02] 산업혁명 이전에도 도구는 있었다. 인류는 옛날부터 원초적 의미의 도구를 사용하였다. 기계가 도구와 다른 점은, 그것이 사람의 손과 마찬가지로 자신의 도구를 가지고 작업하며 그 때문에 규모가 크고 더 강력한 동력을 필요로 한다는 것이다. 그 동력을 산업혁명기에 새롭게 나타난 증기기관이 제공해 주었다.[03] 특히 열을 노동으로 전환시키는 엔진의 개발로 거의 무제한적인 에너지 공급이 가능해졌다는 점이 중요하다.

산업혁명은 면공업에서 시작되었는데 면공업에서의 기술혁신은 방적 부문에서 출발하였다. 18세기 후반까지 영국의 전통적 산업은 모직물 공업이었고 영국은 세계적인 모직물 수출국이었다. 그러다가 서인도제도의 노예들에게 입히려는 의도로 수입하기 시작한 인도산 면직물이 대중적 인기를 끌면서 면직물 공업이 급성장하게 되었다. 가볍

---

02 송병건, 〈산업혁명 시기 영국 기술선도의 요인〉, 「경제사학」 62권(2016.12), 493면; 데이비드 랜즈, 안진환·최소영 역, 「국가의 부와 빈곤」(한국경제신문, 2009), 306면.
03 이영석, 「공장의 역사」(푸른역사, 2012), 78면.

플라잉셔틀

고 부드러운 인도산 면직물을 원하는 시장이 급속도로 커졌던 것이다. 이제 영국의 면직물 공업은 인도산 면직물과 경쟁하려면 좀 더 질기고 가느다란 실을 더 많이 생산해야 했다. 케이(John Kay)가 '플라잉셔틀(flying shuttle)'―직조 기계의 씨실을 자동으로 넣는 장치―를 발명(1733)한 후 1760년대에는 하그리브스(James Hargreaves)가 다축 방적기인 제니 방적기를 발명했다. 제니 방적기는 물레를 개량해서 한꺼번에 여러 개의 추를 연결해 동시에 여러 줄의 실을 뽑을 수 있게 만든 것이었다. 그 후 아크라이트(Richard Arkwright)가 수력 방적기를 만든 후 크럼프턴(Samuel Crompton)이 이 두 개의 장점만을 취해 물레보다 200배나 더 생

와트의 증기기관

산성이 높은 뮬 방적기를 만들어냈다(1779). 이처럼 방적이 기계화되자 방직 부문의 병목 현상을 낳아 이번에는 직포 부문의 기계화가 시급해졌다. 1787년에 카트라이트(Edmund Cartwright)가 최초로 역직기를 만들어내어 문제를 해결했는데, 이처럼 한 공정에서의 발명이 다른 공정의 발명을 자극하는 연쇄적 발명이 일어났고 약 60년에 걸쳐 지속적으로 이루어진 발명들은 이전 시대의 기술을 완전히 대체해 버렸다. 직물산업은 영국 경제 전체의 견인차 역할을 하여 1780-1800년에 영국 수출이 두 배로 껑충 뛰었을 뿐만 아니라 세계경제도 혁명적으로 바꾸어 놓았다.

한편 동력에서는 증기기관의 개발이 핵심이었다. 산업혁명의 꽃은 사실 증기기관이라고 할 수 있다. 1705년에 뉴커먼(Thomas Newcomen)에 의해 피스톤을 갖춘 증기기관이 최초로 만들어졌지만 이때의 실린더는 매번 냉각되었다가 다시 가열되어야 했기 때문에 에너지 소비가 컸다. 따라서 이 기계는 연료를 쉽게 구할 수 있는 탄광에서 물을 뽑아내는 데 주로 사용되었다. 그로부터 60년 후에 제임스 와트(James Watt)가 별도의 응축기가 부착된 엔진을 발명(1768)하고 회전운동에 적합하도록 개조함으로써 당시 만들어지고 있던 기계들에게 동력을 제공해 줄 수 있었다. 와트는 피스톤을 가진 실린더가 냉각 없이 지속적으로 뜨거운 상태를 유지할 수 있게 함으로써 혁신을 이루어 내었다. 와트는 그 외에도 한 톱니바퀴가 다른 톱니바퀴의 주위를 돌면서 동력을 전달하는 장치인 차동 톱니바퀴도 발명하였다. 와트의 피스톤은 비록 혁신된 것이었지만 여전히 왕복운동을 했는데, 1880년대에 이르러 피스톤을 증기 터빈으로 바꾸어 왕복 장치를 회전 장치로 전환시키는 마지막 혁신이 이루어지자 막대한 에너지 소모 문제가 해결되었다. 따라서 증기기관의 개발에는 거의 200년이 걸린 셈이다. 와트의 증기기관 덕분에 석탄 수요가 증가하고 제철 분야에서도 성능 좋은 연철을 생산할 수 있게 되었다. 게다가 기계를 돌리는 동력이 수력에서 증기기관으로 바뀜으로써 굳이 수력이 가능한 지역이 아닌 곳에 공장 부지를 정할 수 있게 되고 진정한 공장제가 실현되었다.

왜 영국에서 먼저 기계화가 일어났는가? 경제학자 앨런(Robert Allen)은 영국의 고임금을 산업혁명의 주요인으로 지적한다. 유럽의 가난한 지역이나 아시아의 임금이 간신히 생존 수준에 머문 데 비해 런던의 임금은 생존에 드는 비용의 5-6배나 되었고 특히 숙련 노동자의 임금이 높았기 때문에 이를 대체할 기계화가 필요했다는 것이다. 예를 들자면 수직포공들의 높은 임금을 견디기 어려운 상황에서 역직기가 발명되었다는 것이다. 고임금은 다른 면에서도 의도하지 않게 기계화를 촉진했는데, 즉 고임금은 노동자의 교육과 높은 문자 해독률을 가져옴으로써 노동력의 질을 높이고 그것이 기술혁신에 이롭게 반응한다는 선순환이 가능했다는 것이다.[04]

그러나 기계화를 야기한 진정한 주인공은 고임금과 석탄이라기보다는 기술자와 발명가들의 존재라고 할 수 있다. 18세기 영국에는 새로운 아이디어를 가진 인물들이 도처에 존재하였다. 산업혁명이 가능했던 것은 공학적 기술과 열정을 갖춘 인물들이 존재했기 때문이며, 그것은 또한 영국에 숙련 노동과 상업 종사자들의 오랜 전통이 있었기 때문이었다. 면직물 공업이든 증기기관이든 초기 기술은 고도의 전문적인 첨단과학 지식을 요하는 것이 아니라 작업 현장에서 조금 더 개선해보려는 의지를 가진 기술자들이 간단한 아이디어를 적용하여 얻어낼 수 있는 것이었다. 산업혁명기의 발명가들은 소수 과학자들을 제외하고는 대부분 기술자들이었다. 1700-1850년 기간의 과학기술자 498명에 관한 연구는 그들 가운데 329명이 독학으로 자신의

---

04 Robert Allen, *The British Industrial Revolution in Global Perspective* (Cambridge: Cambridge UP, 2009).

지적 세계를 개척해 갔음을 밝혀준다. 이들 엘리트 출신이 아닌 기술자들이 지엽적으로 작은 규모로 이룬 미시적 발명들이 쌓여 산업화로 연결되었다.[05] 그리고 영국은 그런 인물들을 만들어낼 수 있는 최적의 사회였다.

| 산업혁명의 결과 |

산업혁명의 의미는 그로 인해 인간이 환경의 제약에서 벗어날 수 있게 되고 근대적 경제성장이 가능해졌다는 것이다. 산업혁명 전에 인류는 '맬서스의 덫'을 빠져나올 수 없는 운명이었다. 영국국교회 목사인 토머스 맬서스(Thomas Malthus)는 1798년에 출간한 『인구론』에서 인구는 기하급수적으로 증가하는 데 반해 식량은 산술급수적으로 증가한다는 유명한 원칙을 주장하였다. 달리 표현하면 인구와 경제는 동시에 성장할 수 없다는 것이다. 경제가 좋아지면 인구가 늘고 그리되면 각 개인에게 돌아가는 몫은 다시 줄어들기 마련이고 그리되면 경제성장이 다시 억제되는 악순환이 계속된다는 것이다. 이를 '맬서스의 덫'이라고 표현한다. 그런데 산업혁명이 그 덫을 깨뜨려 버렸다. 다시 말해 인구와 경제가 동시에 성장할 뿐만 아니라 경제가 훨씬 더 빠르게 성장하여 사람들의 생활수준이 훨씬 나아지게 된 것, 즉 지속 가능한

05 이영석, 『공장의 역사』, 75면.

산업혁명 후의 기계 공장

근대적 경제성장은 산업혁명으로 인해 가능해졌다. 이 과정이 반드시 평화적이지만은 않았다. 경제성장과 기술 변화에는 반드시 '창조적 파괴'가 따르게 되고 그에 대한 저항이 따르게 마련이다. 케이는 '플라잉 서틀'을 발명해 직조 작업을 기계화 하는 데 지대한 공헌을 했지만 기계파괴운동가(Luddites)들이 그의 집에 불을 지르는 짓을 막을 수 없었다. 방적 기술을 혁신적으로 보완해준 다축 방적기를 발명한 하그리브스도 비슷한 대접을 받았다.[06] 기계파괴운동은 1830년대까지 지속되다가 더 이상 시대의 흐름을 거스를 수 없다는 사실이 인식되자 멈추

06 대런 애쓰모글루 & 제임스 A. 로빈슨, 최완규 역, 「국가는 왜 실패하는가」(시공사, 2012), 132면.

었다.

산업혁명은 거대한 사회·정치·문화적 변화를 수반하였다. 산업혁명으로 농업인구가 대거 제조업과 서비스업으로 이동했는데, 1880년이면 농업인구는 영국 총 인구의 7분의 1 미만으로 줄고 1910년에는 11분의 1 미만으로 축소되었다. 도시화도 산업혁명의 결과 가운데 하나이다. 제1차 세계대전 전야에 프랑스에서는 농업이 여전히 노동인구의 41%를 차지하고 GDP의 35%를 산출했으며 프랑스 인구의 35%가 3천 명 이상의 소도시에 살고 있었다. 그러나 같은 시기에 영국에서는 농업인구가 전체 인구의 8%에 불과하고 GDP의 5%만을 담당하고 있었으며 인구의 78%가 도시민이었다.[07]

산업혁명으로 인해 인류는 역사상 처음으로 공장(factory)이라는 곳에서 일하게 되었다. 그때까지 공장은 존재하지 않았는데 공장이라는 단어도 이때 처음으로 영어에 편입되었다. 물론 수공업 단계에도 작업장은 있었지만 노동자들이 대규모로 공장에 모여 정시에 일을 시작하고 끝내는 패턴은 이때부터 시작되었다. 그 이유는 바로 동력을 함께 사용하기 때문이었다. 물론 동력의 동시 사용 외에 감독의 어려움도 공장제의 출현을 촉진하였다. 산업혁명 이전의 공업은 선대제하에서 가내수공업 형태로 이루어졌다. 선대제 공업이란 상인이 농촌의 유휴 노동력에게 원료와 도구를 빌려주고 제품을 만들게 한 다음 일정

---

07 Patrick O'Brien, "Path dependency, or why Britain became an industrialized and urbanized economy long before France," *Economic History Review*, 49/2 (1996), p.213.

기간 후 제품을 회수하는 방식을 의미한다. 16세기에는 영국 모직류의 절반 이상이 시골집에서 제조될 정도로 선대제 가내수공업이 활발하였다. 그러나 가내수공업의 가장 큰 약점은 감독의 어려움이었다.

공장제가 실시되자 전통적인 노동 습관을 지키려는 노동자들과 새로운 노동 습관을 부여하려는 고용주들 사이에 갈등과 싸움이 시작되었다. 전통사회에서 자유로운 노동시간에 익숙해 있던 노동자들에게 공장의 엄격한 시간 통제와 노동 통제는 견딜 수 없는 강제로 받아들여졌고 그들은 공장에 가는 것을 마치 감옥에 가는 것처럼 생각했다. 그 대표적인 예가 '성 월요일(Saint Monday)'의 습관이다. 가내수공업 시대에 노동자들은 보통 토요일에 약속한 제품을 상인에게 건네준 후 일요일과 월요일은 술을 마시고 각종 놀이를 즐기며 휴식을 취하는 습관을 가지고 있었다. 그들은 '월요일은 일요일의 동생'이라며 월요일까지 일을 하지 않았던 것이다. 공장제가 시작되고 나서도 노동자들은 관습을 무기로 월요일 작업을 거부했고 초기 공장주들에게는 월요일 근무를 확실히 하는 것이 대단히 어려웠다. 토요일 오전 근무를 미끼로 월요일 근무가 확정될 때까지 거의 100년이 걸렸다.[08]

성장과 분배, 그리고 실업과 같은 문제도 산업혁명과 더불어 본격적으로 제기되기 시작하였다. 과거 인류의 삶에서 그러한 것들이 문제가 된 적은 없었다. 그러나 이제 공장에서 대량으로 쏟아져 나오는 제품들을 보면서 과연 그것이 누구의 것인가, 그것을 어떻게 나누는 것

---

08 이에 대해서는 박지향, 〈영국 노동조합운동: 노동주의의 전개과정〉, 「역사학보」 130(1991.6) 참조.

이 공정한가에 대한 문제의식이 처음으로 싹트기 시작했다. 실업도 산업혁명과 더불어 인류가 겪게 된 새로운 경험이었다. 농경 사회에서는 저취업(under-employment)은 있어도 실업(un-employment)은 없다고 학자들은 말한다. 그런데 산업혁명과 더불어 경기변동과 실업이라는 현상이 주기적으로 찾아오게 되었다. 산업혁명 이후 세계적인 빈부의 차는 그 전보다 훨씬 더 커졌다. 산업혁명은 승자와 패자의 격차를 크게 만듦으로써 세계를 분열시켰다. 그럼에도 불구하고 가난한 사람들의 삶도 개선되었다는 사실은 강조할 만하다. 비록 빈부의 차는 커졌을지 몰라도 가난한 사람들의 삶 역시 인류 역사상 처음으로 개선되었다. 그것은 평균수명이나 문자 해독률 같은 것에서 드러나며 대표적으로 '평균 신장'에서 입증된다. 키는 사람들의 영양 상태를 보여 주는 가장 좋은 표본인데 19세기를 거치면서 가장 잘 사는 계층의 키와 가장 가난한 사람들의 키 차이가 6cm에서 1cm로 줄어들었다.

산업혁명을 시작한 영국은 19세기에 이르러 세계경제를 장악하고 로마제국 이후 인류가 경험한 최대 제국을 건설했으며, 국제적 무역망을 만들고, 세계시장으로부터 들어오는 수익으로 번영을 이루었다. 다른 나라들이 영국 따라 하기에 나서자 영국은 자신의 지위를 빼앗기지 않으려는 조치를 취하였다. 영국은 기계 도면의 해외 반출을 금하고 숙련공들의 해외 이주를 금지하는 등 자국 기술을 보호하기 위하여 안간힘을 썼다. 그러나 산업스파이들의 활동을 방지하지 못했는네, 산업스파이가 처음부터 큰 역할을 한 것은 아니었다. 영국에서는 이미 18세기에 분업이 성해 있었기 때문에 노동자들은 자신이 맡은 부분 외의 다른 생산 공정에 대해 알지 못했기 때문이다. 설사 영국의 기술을 훔쳐가는 데 성공했다 해도 영국의 발명품들은 대륙의 산업적 후진성 때문에 그곳에서 제대로 이용되지 못했다. 다시 말해, 대륙 국가들이 영국의 선진 기술을 도용하려 했지만 종종 그곳의 기술자들과 노동자들의 후진성 때문에 실패했던 것이다. 그 결과 영국은 1870년까지는 굳건하게 독보적 위치를 지킬 수 있었다.

| 왜 영국이었나? |

산업혁명이 왜 영국에서 먼저 시작되었는가는 학문적으로나 정치적으로 대단히 중요한 문제이다. 21세기에 접어들어서도 인류의 반이상은 아직 근대적 경제성장을 향유하고 있지 못하다. 결국 근대적 경제성장을 제공하는 조건은 산업화밖에 없기 때문에 '최초의 산업국가는 어떤 조건하에서 산업혁명을 성공적으로 이끌 수 있었는가?', '산업화를 위해서는 어떤 조건이 필요한가?'가 학문적으로 뿐만 아니라 실질적으로도 중요한 문제의식이 되는 것이다. 그것이 왜 영국에서 최초의 산업혁명이 시작되었는가에 대하여 많은 연구가 진행되어 온 배경이다. 산업화는 단순히 기술혁신에 의해 촉발된 일반적 현상이 아니라 각 나라 고유의 정치·사회·문화적 조건 속에서 제각기 다른 경로

를 밟아 진행되는 것이다. 따라서 영국의 경험을 무조건 따라 할 수는 없으며 요즘엔 영국이 오히려 예외적 사례였다는 의견이 지배적이다. 그러나 영국이 그 후의 모든 산업화에 모범을 보인 것은 사실이다.

산업혁명이 왜 영국에서 먼저 시작되었나에 대한 답은 한 마디로 영국이 가장 준비된 사회였다는 것이며, 그 말은 다시 영국이 봉건제의 구속에서 가장 빠르게 해방되어 근대화했다는 것이다. 18세기 초반에 영국은 이미 성장의 밑거름이 된 가내공업, 석탄 등의 화석 에너지 사용, 산업혁명의 핵심이 된 직물, 철, 동력 등 주요 부문의 기술에서 다른 나라보다 앞서가고 있었다. 농업 역시 자급자족의 수준을 넘어 상업화되어 있었고, 민간 자본으로 건설되어 유료로 운영되고 있던 전국에 걸친 교통과 운송 망도 매우 효율적이었다. 그런 모든 기반 위에서 영국의 산업혁명이 시작되었다. 18세기에 이르면 영국인들은 "전에 우리는 여럿 가운데 1등이었는데, 이제는 우리만 있다(We used to be first, now we are alone)"고 자랑했는데 그런 자부심을 가질 정도로 영국은 압도적으로 다른 나라들보다 앞서 있었다. 외국인들도 영국인들의 생활수준에 감탄하였다. 영국에서는 농촌지역 사람들조차 다른 나라들보다 월등하게 높은 생활수준을 보이고 있었다. 벽돌집과 기와지붕, 모직 의류와 가죽 신발 등은 도시민들만의 호사가 아니었다. 특히 영국의 거대한 중산층은 왕성한 소비자임을 입증했는데 그 힘이 산업혁명을 야기한 배경이 되었다.

보다 구체적으로 영국이 가지고 있던 강점들 가운데 중요한 요인은 우선 자발적인 지적 탐구와 과학적인 검증 방식을 장려하는 문화와 지적 풍토이다. 영국의 개인주의 전통과 개신교 윤리도 기여한 바가 크다. 무엇보다도 중요한 것은 사람들이 자신의 노동과 진취적 정신의 결실을 만끽할 수 있는 여건을 마련해준 훌륭한 정부와 제도였다. 여기서 다시 한 번 명예혁명의 중요성이 드러난다. 제2장에서 살펴보았듯이, 명예혁명 후 의회는 정부 정책을 주도하면서 확고한 사유재산권을 집행했으며, 자신들의 통제하에서 기꺼이 세금을 올리고 해상력과 무역 등 필요하다고 판단되는 활동에는 투자를 아끼지 않았다.

산업혁명의 배경을 이룬 여러 요인들 가운데 농업 발달의 기여는 아무리 강조해도 지나치지 않는다. 영국이 가장 앞선 분야 중 하나가 농업이었다. 영국에서는 18세기에 이미 새로운 비료를 만들어내고 새로운 경작 방법을 도입하고 인클로저로 토지 소유권을 확정해줌으로써 농업의 생산성 향상을 가져왔다. 영국 인구는 1600-1800년에 400만 명에서 850만 명으로 두 배 이상 늘었는데 농업에 종사하는 인구는 오히려 70%에서 36%로, 즉 반으로 줄었다.[09] 이처럼 농업혁명이 산업혁명 훨씬 전에 성공적으로 수행됨으로써 동일한 인구를 먹여 살리는 데 훨씬 적은 인구가 필요해졌고 농업에서 해방된 인구가 산업으로 흘러들어가서 산업을 역동적으로 만들어주었다. 금융에서도 영국의 선두는 18세기 초에 이미 확실해졌다. 자본 형성은 초기 산업혁명에서

---

09 Joseph M. Bryant, "The West and the Rest Revisited," *Canadian Journal of Sociology*, 31/4 (Autumn 2006), pp.428-430.

상대적으로 중요하지 않은 요인이었지만, 제2장에서 보았듯이 영국 은행의 설립(1694, 프랑스 은행은 1800년에 설립)에서 금융 혁명으로 이어진 영국의 금융·재정의 선구적 발달은 산업혁명을 지원한 하나의 요인 이었다.

영국에서 산업혁명이 제일 먼저 시작된 또 다른 원인으로 풍부한 석탄이 지목된다. 석탄은 산업만이 아니라 난방에도 중요했는데 경제 학자 앨런은 런던의 난방 수요가 석탄에 대한 수요에서 중요한 부분을 차지했다고 주장한다. 즉 런던이 폭발적으로 커지면서 나무 연료가 너 무 비싸짐에 따라 차라리 북부로부터 석탄을 가져오는 게 비용이 적게 들게 되자 런던 주택들이 석탄으로 난방을 하게 되고 그 결과 영국 북 부의 탄광 지역의 발굴이 활발해졌고 궁극적으로 산업혁명으로 이어 졌다는 것이다.[10] 그러나 석탄이 모든 것을 좌우한 것은 아니고 원료가 풍부하다고 해서 산업이 발흥하는 것도 아니다. 앨런의 주장은 석탄 매 장량이 많지 않았던 국가들도 공업국으로 전환할 수 있었다는 점에서 설득력이 약하다. 원료의 유무가 산업화에서 결정적으로 중요성을 갖 는 것은 아니다. 영국은 18세기에 스웨덴으로부터 철을 수입했지만 산 업혁명을 주도했고, 반대로 스웨덴은 철을 가지고 있으면서도 1850년 전에는 산업화를 꿈도 꾸지 못하였다. 석탄 역시 인간의 능력과 의지 에 의해 사용되는 것이고 그 외 다른 조건들이 모두 충족되었기 때문 에 영국은 산업혁명을 가장 먼저 수행할 수 있었던 것이다.

10   Robert Allen, *The British Industrial Revolution in Global Perspective*.

한편 석탄과 같은 물리적 조건보다 지식과 같은 문화가 더욱 중요하다고 주장하는 사람들은 영국의 지식의 축적과 지적 풍토를 강조한다. 영국에서 산업혁명이 가장 먼저 시작된 배경에는 과학·기술의 발달이 있었다. 한때 산업혁명에서 과학이 별로 중요하지 않았다는 주장이 제기되기도 했지만 과학·기술이 중요하다는 것은 이제 불변의 진리가 되었다. 특이한 점은 유럽 대륙의 다른 나라에서도 중요한 과학적 발견과 발명이 있었지만 영국에서만 과학·기술의 발견과 발명이 실제 현장에 적용되고 이용되었다는 사실이다. 경제사학자 모키어는 그 현상을 '유용한 지식'의 확산과 활용으로 설명한다. 유용한 지식은 순수과학 지식뿐 아니라 현장에서 시행착오를 거치면서 얻게 된 실용적 노하우까지 폭넓은 스펙트럼의 지식, 정보, 기술을 포함한다.[11] 모키어가 사용한 산업 계몽주의(Industrial Enlightenment)라는 개념은 계몽주의를 현실 경제에 적용하려는 시도로 이해할 수 있다. 산업 계몽주의는 특히 지식을 집대성한 학자들과 기술을 생산에 직접 응용하는 현장 기술자들 사이의 상호작용을 강화시켜 과학혁명이 현실 경제에 응용되어 실제 산출물을 창조해내는 사회적 과정을 이루었다. 영국은 기초과학의 수준에서는 일류가 아니었지만 높은 숙련도를 지니고 실용적인 기계를 만들고 개량하고자 하는 의욕이 충만한 인력을 어느 나라보다 풍부하게 보유하고 있었다.[12]

11   Joel Mokyr, *The Gifts of Athena: Historical Origins of the Knowledge Economy* (Princeton: Princeton UP, 2002).
12   송병건, 〈산업혁명 시기 영국 기술선도의 요인〉, 503-505면.

게다가 영국에서는 유용한 지식을 과학자들이 독점하지 않고 기술자들과 공유하였다. 영국의 과학자들은 주는 데 열심이었고 기술자들은 받는 데 열심이었다. 그것이 실질적으로 산업혁명에서 과학과 기술의 결합으로 나타났다. 대륙에서 과학은 주로 신분이 높은 사람들이, 기술은 신분이 낮은 사람들이 각각 분리하여 담당하면서 소통이 없었지만 개방사회인 영국에서는 과학자와 기술자들이 한 자리에 모여 토론하고 서로 배우는 장이 마련되어 있었다. 제임스 와트는 에든버러와 글래스고의 대학교수들, 저명한 자연철학자들, 해외 과학자들과 친분이 있었다. 그는 수학에 능통했고 체계적으로 실험을 했으며 증기기관의 열효율을 계산해냈다.[13] 전반적으로 기술자들은 각종 협회 활동을 통해 소통하였다. 아주 중요한 기술을 발명하거나 개발한 기술자들은 특히 출판과 과학기술 관련 협회 활동을 활발히 했는데 전체의 52%에 이르는 기술자들이 그러했다.[14]

다음으로 영국의 강점은 사회적 유동성이었다. 특이하게도 영국에는 다른 나라에서 볼 수 없는 장자상속제가 확립되어 있었는데 이것이 장기적으로 산업혁명에 기여했다. 엘리트층조차 차남 이하의 자식들은 호구지책을 마련해야 했기 때문에 교육을 받고 재능 있는 사람들이 상업이나 수공업으로 진출하게 되었던 것이다. 예를 들어 1570-1646년 사이, 런던의 15개 상인 기업에서 일하고 있는 8천 명의 도제

13 랜즈, 『국가의 부와 빈곤』, 334면.
14 송병건, 〈산업혁명 시기 영국 기술선도의 요인〉, 508-509면.

뉴턴 무덤(웨스트민스터 사원)

들 가운데 12.6%가 사회적 엘리트인 지주 가문 출신이었는데, 이것은 다른 유럽 국가에서는 있을 수 없는 현상이었다. 영국은 그만큼 신분의 장벽이 낮은 사회였고 그만큼 사회적 유동성이 활발했다. 한편 클라크(Gregory Clarke)는 심각한 공중위생과 질병 때문에 평균수명이 짧아졌고 소수의 부유층만이 유전자를 물려줄 확률이 높았기 때문에 영국 사회 전반의 지적 능력이 다른 나라들보다 뛰어났다는 다소 기발한 주

장을 펴기도 했다.[15]

영국 사회의 이런 문화와 관행은 실력주의 사회로 귀결되었다. 영국은 태생에 상관없이 재능과 업적으로 사회적 존경과 명성을 얻을 수 있는 사회로 정착하였다. 대표적 예로 뉴턴(Isaac Newton)을 들 수 있다. 프랑스의 계몽사상가인 볼테르(Voltaire)가 런던에서 특히 감명 깊게 본 장면은 국장으로 치러진 뉴턴의 장례식(1727)이었다. 뉴턴은 소규모 자작농이던 아버지를 일찍 여의고 어려운 환경에서 자랐지만 자신의 능력과 재능으로 최고의 자리에 올랐고, 그의 장례 행렬에는 공작 두 명과 백작 세 명, 대법관 한 명이 관을 운구하는 등 마치 '왕처럼' 생을 마감하였다. 볼테르는 자신은 하잘 것 없는 하층 귀족과 말다툼을 벌인 대가로 망명 생활을 하고 있는데 영국은 그처럼 재능을 인정해주는 자유로운 사회라는 것을 뼈저리게 느꼈던 것이다.

실력주의 개방사회는 과학자·기술자와 더불어 탁월한 기업가들의 존재도 존중해 주었다. 산업혁명 초기에 활동한 기업인들 가운데 눈에 띄는 집단은 영국국교회에 속하지 않은 종파, 즉 퀘이커교나 장로교를 믿는 비국교도들이었다. 그들은 영국 총 인구의 7%에 불과했지만 제조업의 혁신을 이룬 사람들 가운데 거의 반수가 비국교도들이었다.[16] 이것은 제1장에서 설명했듯이 개신교 윤리가 자본주의 정신과

15   Gregory Clark, *A Farewell to Alms: A Brief Economic History of The World* (Princeton: Princeton UP, 2007).
16   Joel Mokyr, "The Industrial Revolution and the New Economic History" in *The Economics of the Industrial Revolution*, ed. Joel Mokyr (Totowa, NJ: Rowman & Allanheld, 1985), p.17.

맺고 있던 연관성 때문이라고 해석할 수 있다. 개신교 윤리는 상인과 제조업자들에게 위엄과 정의감을 제공했고 반(反)상업적 편견으로 가득한 세상에서 갑옷과 투구 역할을 해주었다. 그리하여 훌륭한 칼뱅주의자들은 축적한 부를 가지고 수준 높은 여가생활을 하려는 유혹에 굴복하지 않은 채 자자손손 일에 충실하며 부와 경험을 축적할 수 있었다. 베버의 명제가 모든 점에서 맞는 것은 아니지만 중요한 점은 개신교가 새로운 종류의 인간, 즉 이성적이고 부지런하며 규율을 지키면서 생산적인 인간을 만들어 내고 일반화 시켰다는 것이다.[17]

그러나 이 모든 것을 가능하게 만들어 준 것은 무엇보다도 사유재산권의 확립이었다. 경제성장의 결정적 요인은 개인에게 노동의 대가를 확실하게 보장해 주는 법적 제도이다. 그리고 그런 면에서 영국은 모범을 보였다. 재산권이 영국만큼 인정받고 확보된 곳은 세상 어디에도 없었다. 예를 들어 아이디어에 대한 재산권을 보호하는 특허제도를 보자. 특허제도는 애초에 국왕의 자의적인 특허증 남발을 막기 위한 노력의 일환으로 의회법으로 제정(1623)되었는데 발명가들에게 동기를 부여하여 산업혁명을 촉발하는 데 크게 기여했다. 제임스 와트가 1769년에 증기기관 특허권을 출원했을 당시 1년에 36건이던 특허 출원은 점차 늘어나 1840년이 되면 440건에 이르렀다. 와트는 특허권이 단순한 종잇장이 아니고 실질적으로 돈을 벌 수 있는 수단이라는 사실을 잘 알고 있었다. 그는 자신의 증기기관 특허를 보호하기 위해 침해

---

17 랜즈, 『국가의 부와 빈곤』, 291면.

124

로 판단되는 사례들에 대해 소송을 제기했는데, 그의 증기기관이 시장을 지배할 수 있었던 것은 기술적 차원을 넘어 이런 노력 덕분이었다. 한 연구자는 와트를 '당대 최상의 특허 전문 변호사'라고 정의하였다. 수력 방적기를 발명한 아크라이트도 특허를 독점한 덕분에 오늘날의 화폐로 환산한다면 어마어마한 액수인 500만 파운드(오늘날 1000억 파운드 이상)를 유산으로 남겼다. 물론 초기 기술 개량의 선도자 가운데 사업적 수완을 발휘한 사람들은 극소수에 불과했고 와트나 아크라이트 같은 인물들은 예외였다.[18]

왜 영국이 산업혁명을 제일 먼저 수행할 수 있었는가의 문제에서 마지막으로 생각해 볼 것은 영국이 효율적이고 유기적인 근대 국민국가를 가장 먼저 만들어 냈다는 사실이다. 제2장에서 살펴보았듯이 영국에는 평등한 시민으로서 자의식과 자부심을 지닌 사람들이 모인 공동체가 다른 어느 사회보다 먼저 형성되었다. 특히 명예혁명 후 정부가 하는 역할이 무엇인가에 대해 확실한 원칙이 서게 되고 정부의 자의적 통치가 사라지자 사회가 법과 원칙에 의해 질서 있게 운영되었다. 폭정이나 범죄와 부패 등의 혼란으로부터 개인의 자유를 보장하고 보호해 주는 정부가 존재하게 된 것이다. 이제 모든 것이 예측 가능해졌고 영국 국가는 자유주의적 국가 체제로 운영되었다. 국가가 해외무역에서 정부 독점권을 없애고 기업 경영에서는 자유와 안전을 보장

18　찰스 P. 킨들버거, 주경철 역, 『경제 강대국 흥망사』(까치, 2004), 213-214면; 이영식, 『공장의 역사』, 87, 99면.

해주었을 뿐만 아니라 사유재산권과 계약권을 수호해 주었기 때문에 국민은 자유롭게 자신의 창의성과 노력을 경주할 수 있었다. 영국 국가는 산업자금 지원에 전혀 개입하지 않았다. 운하, 철도 건설까지도 민간 투자회사의 지원으로 건설되었다. 국가는 또한 개인 소유권자들 사이에 일어나는 분쟁을 평화롭게 해결하는 수단으로서 법치를 강화하였다.

영국은 가장 번성했던 시기인 1860-1870년대에 전 세계 공업 생산의 60%를 담당하였다. 산업화 측정의 척도인 철강 생산과 근대적 에너지—석탄, 석유, 천연가스, 수력발전—소비량에 관한 지표에서도 압도적이었다. 뿐만 아니라 영국은 전 세계 금융도 지배했는데 전 세계 무역의 90%가 영국 통화인 파운드 스털링으로 결제되었다. 이제 경제적으로 전 세계를 장악한 영국은 그들의 이데올로기인 자유무역을 전 세계에 전파하였다. 자유무역은 특히 영국의 경제학자인 데이비드 리카도(David Ricardo)가 주창했는데 그는 비교우위론을 이용하여 자유무역이 영국만이 아니라 인류 전체에 이롭다는 주장을 폈다.

| 경제적 자유주의 |

애덤 스미스(Adam Smith)와 데이비드 리카도가 자유방임과 자유무역을 주장하기 전에는 국가가 경제에 간섭하는 것이 당연시되던 세상

이었다. 예를 들어 모직 산업 종사자들은 의회에 로비를 하여 모직이 아닌 다른 직물로 수의를 만들어 시신을 매장하는 것을 불법화해버렸다(1666, 1678). 그런 조치는 당연히 면직업과의 싸움으로 이어졌고 결국 1736년에 그 특혜가 폐지될 때까지 싸움은 계속되었다.[19] 스미스는 그처럼 어이없는 독점 행태가 국가의 지원으로 행해지던 관행을 탈피하여 시장경제와 경쟁을 핵심으로 한 경제적 자유주의가 확립되는 데 이론적 정당화를 제공해 주었다.

스미스는 인간이 이기적 존재임을 받아들이고 그렇게 강한 본능인 이기심을 어떻게 사회 전체를 위해 활용할 것인가에 몰두하였다. 그는 이기적 본능이 친절, 박애심, 희생정신보다 더 강하고 지속적으로 인간에게 동기부여를 할 수 있다고 확신했고 그것이 사회 전체를 위해서도 이롭게 작용한다는 원칙을 명쾌하게 밝혔다. 우리가 매일 식사를 마련할 수 있는 것은 푸줏간과 양조장, 빵집 주인의 '자비심' 때문이 아니라 '자신의 이익'을 위한 그들의 고려 때문이라는 것이다. 우리는 그들의 자비심이 아니라 그들의 '자기애(self-love)'에 호소하며, 그들에게 우리 자신의 필요를 말하지 않고 그들 자신에게 유리함을 말함으로써 우리의 욕구를 충족시킨다는 것이다. 다시 말해 남한테 이타적인 호소를 할 게 아니고 그의 이기심을 충족하도록 만들어주면 그의 이기심도 충족되고 나에게도 이롭게 된다는 것, 그것이 윈-윈의 경제성장의 길이다. 그러한 작동을 가능하게 하는 것이 바로 '보이지 않는 손'이

---

19 애쓰모글루 & 로빈슨, 『국가는 왜 실패하는가』, 288-293면.

고 이 모든 것이 가장 합리적이고 이상적으로 이루어지는 터가 바로 시장이다. 비록 각 개인은 이기적인 존재라 할지라도 개인들이 이기적인 목표를 추구하는 경제활동 자체는 비인격적인 시장의 힘에 의해 번영과 복지를 자연스레 낳게 된다. 따라서 모든 경제활동의 중심은 시장이다. 어떤 물건을 만들 것인지를 결정하는 기업가, 어떤 고용주를 택할 것이지를 판단하는 노동자, 어떤 재화와 서비스를 살 것인지를 선택하는 소비자가 서로 만나는 곳이 시장이고 그곳에서의 관계는 개인들의 자발적이고 계약적인 관계다. 시장은 보이지 않는 손에 의해 움직이는 자기 규제적 메커니즘이다. 각 개인이 자신의 이익을 최대한 추구하도록 방임할 때 그 결과는 불안정과 파멸이 아니라 조화와 경제 성장의 극대화라는 것이다. 이러한 시장 기능에 대한 스미스의 통찰력이 현대 경제학의 출발점이 되었다.

한편 리카도는 비교우위론을 적용하여 자유무역을 주창했다. 영국과 포르투갈을 예로 들어보자. 영국은 포르투갈보다 모직물과 포도주 두 가지 물품 모두에서 우위를 누리고 있지만 포도주보다는 모직물을 더 효율적으로 만들 수 있다. 한편 포르투갈은 두 제품 모두에서 영국보다 뒤떨어지지만 모직물보다 포도주를 조금 더 효율적으로 만들 수 있다. 그런 경우에 영국이 비교우위를 가진 모직물에 집중하고 포르투갈은 포도주에 집중하여 두 나라가 서로 교역을 하면 모두에게 이롭게 된다는 것이다. 즉 각자가 자신이 가장 잘 할 수 있는 일에 집중하면서 교역을 하면 모두에게 이로운 결과를 낳게 된다. 이것이 리카도가 주장하는 비교우위론이고 그것에 기반을 둔 것이 자유무역론이다.

1830년대쯤 되면 영국에는 자유무역이 영국만이 아니고 전 인류에 이로운 것이라고 믿는 사람들의 존재가 확실해졌다. 이들의 노력과 아일랜드 대기근이라는 상황 덕분에 영국은 1846년 이후 거의 모든 관세를 폐지하고 자유무역 국가가 되었다. 아주 극소수의 물품에만 관세가 적용되고 나머지 거의 모든 물품이 영국 국경을 자유롭게 드나들 수 있었다. 국가는 일체의 경제활동을 개인에게 맡기고 개인이 할 수 없는 영역, 즉 치안과 국방 등의 영역에만 역할을 국한시켰는데 이를 자유방임국가, 혹은 야경국가라고 부른다.

영국의 자유무역론은 곧 전 세계로 퍼져나갔다. 실상 19세기에 자유무역이 그처럼 빠르게 확산된 데에는 경이로운 점이 있다. 자유무역은 선발 주자인 영국에게는 이롭지만 사실 후발 주자들에게는 불리했기 때문이다. 어떻게 영국이 주장한 자유무역론은 순탄하게 세상으로 퍼져나갈 수 있었을까? 그것은 영국이 모든 면에서 너무나 잘하고 있기 때문에 영국이 하는 모든 것은 성공적이라고 간주되었기 때문이다. 이 세상의 모든 자유주의자들에게 무역·자유·정치적 발전은 서로 밀접한 관련이 있는 것으로 인식되었다. 즉 자유무역과 정치적 개혁은 서로 연관되어 있는 것으로 보였고, 자유무역은 전제정을 전복시키고 영국과 같은 자유주의 정부를 가져다 줄 것으로 생각되었던 것이다. 특히 1832년에 영국이 선거제도를 개혁하여 특권층의 정치적 독

점을 무너뜨리자 다른 지역의 자유주의자들은 영국을 따르려고 몸부림쳤다.[20]

물론 자유방임과 자유무역이 모든 상황에서 똑같이 성공적으로 적용되지는 않았다. 제5장에서 살펴보겠지만 19세기 말에 제2차 산업혁명 시기가 되면 자유방임이 아니라 국가 간섭이 오히려 옳은 길이라는 사고가 나타나기 시작한다. 그러나 적어도 영국이 산업화를 이루고 경제성장을 이루었던 18-19세기에는 이 원칙이 성공적인 조건이었음은 확실했다. 물론 영국이 이상적인 모범만 갖춘 것은 아니었지만 다른 어느 나라보다 자유로운 개인들로 구성된 사회였기 때문에 인류 최초의 산업혁명을 수행하고 초강대국의 지위를 한 세기 이상 유지할 수 있었던 것이다.

20 Patrick O'Brien, "The Pax Britannica and American Hegemony" in *Two hegemonies: Britain 1846-1914 and the United States 1941-2001*, eds. Patrick O'Brien & Armand Clesse (Hants, England: Ashgate, 2002).

5 장

영국의 경제적 쇠퇴

근대 이후 영국은 가장 먼저 국가 체제를 정비하고 자본주의를 발달시키면서 강대국으로 우뚝 섰다. 영국 지배력에는 몇 가지 요인이 있는데 첫 번째는 막강한 해상력이었다. 섬나라인 영국은 유럽 대륙의 국가들과 달리 영토 분쟁에 휘말리지 않고 1650년대부터 해상력과 상업 발달에 집중했는데 이 목표에 국가 구성원들이 모두 결집했다고 해도 과언이 아니었다. 특히 국가와 엘리트는 힘을 합해 영국 해군의 규모가 2위, 3위를 합친 것보다 커야 한다는 원칙을 지켜냈다. 영국 지배력의 두 번째 요인은 경제적 힘이었다. 제4장에서 살펴보았듯이 영국은 인류 최초의 산업혁명을 주도하고 100년 동안 선두 자리를 놓치지 않았다. 산업혁명과 더불어 영국은 당대의 다른 강대국들과 다를 뿐 아니라 역사상 그 어느 강대국과도 차원이 다른 새로운 종류의 강대국이 되었다. 한 세기 가까이 영국은 세계의 공장으로 군림했고 한창 때에는 전 세계 공업 생산량의 60%를 차지했으며 런던 금융 시장은 전 세계 주식 거래를 석권했다.

그러나 1880년대 이후 이 모든 탁월함이 사라져 버리고 영국은 쇠퇴의 기미를 보이게 된다. 1950년경 영국의 지위는 1850년의 지위와 확연히 달랐다. 물론 1950년의 영국이 절대적으로 쇠퇴하고 있었다는 말은 아니다. 그때에도 영국은 여전히 만족할 만한 국제적 지위와 세력을 누리고 있었고 경제적으로도 성장하고 있었다. 그렇지만 영국이 과거에 국제사회에서 누렸던 위상과 영향력의 상실을 경험한 것은 사실이다. 쇠퇴는 국가의 총체적 지위의 하락을 의미한다. 즉 경제적 쇠퇴만이 아니라 군사적, 정치적, 국제적 영향력에서도 세력이 약화되는 것을 의미한다. 그러나 이 장에서는 경제적 쇠퇴만을 다루고 일반적인 국가의 쇠퇴에 대해서는 제8장에서 다루기로 한다. 특히 영국의 경제적 쇠퇴가 활발한 논의 주제인데 그것은 18-19세기 영국 경제가 놀랄 만큼 우월했기 때문이며, 경제적 쇠퇴야말로 한 국가의 쇠퇴 전반을 야기하는 가장 중요한 요인이기 때문이다.

1890년대가 되어 영국 경제가 독일과 미국 등 후발 주자들에게 밀리고 있다는 사실이 감지되었음에도 불구하고 영국인들의 대응은 왜 그처럼 느렸을까? 쇠퇴의 원인은 무엇인가? 쇠퇴는 불가피했나? 이제 이 문제들을 분석해 보기로 한다.

  정치학자 갬블(Andrew Gamble)은 영국의 쇠퇴에 대한 논의가 몇 차례 다른 시기에 서로 다른 형태로 진행되었다고 설명한다. 첫 번째는 1880-1920년대인데 이때는 후발 산업국인 독일과 미국이 영국을 추적해오는 상황이었다. 이때 논의의 큰 주제는 자유무역 대 관세 개혁으로 결집되었다. 즉 애덤 스미스와 데이비드 리카도 이래 영국 경제를 주도해온 자유무역을 계속 유지할 것인지, 아니면 보호무역으로 변해야 하는지의 논의였다. 그 논의는 동시에 국가의 성격, 즉 자유방임적 국가를 계속 유지할 것인지 아니면 국가의 적극적 개입으로 방향을

관세 개혁 운동

미국, 규모의 경제

전환할 것인지의 논의와 연결되었다. 이 시기 영국의 쇠퇴에 대한 논의는 또한 당시 대세로 보인 집산주의(collectivism)를 사회주의 없이 수용하는 게 가능한지라는 문제의식과도 연결되었다. 영국 경제의 쇠퇴와 관련하여 중요했던 두 번째 시기는 제2차 세계대전 종결부터 1960년대 초까지로, 이때의 논의에서는 국가가 경제에서 해야 할 역할에 관심이 집중되었다. 특히 이때는 케인스식 사회 민주적 합의의 시대였고 그에 상응하는 정부의 역할이 요구되었지만 여전히 자유주의 경제를 주장하는 측은 사회 민주적 계획경제와 갈등을 빚었다. 세 번째 시기인 1960-1970년대에는 특히 '영국병' 증상과 노동당의 윌슨(James Harold Wilson) 수상이 주도한 영국 경제의 현대화에 대한 논의 과정에서 쇠퇴

가 논의되었다. 이렇게 보면 영국에서 쇠퇴는 거의 100년 가까이 논의되어온 셈이다.[01]

18세기 후반부터 한 세기 이상 전 세계 경제를 석권하던 영국은 1880년대부터 상대적 쇠퇴를 겪기 시작했다. 이때 제2차 산업혁명이라 불린 전기화학 분야의 발명과 혁신이 이루어지고 있었지만 이 분야에서 영국은 뒤처지기 시작했다. 과학과 기술의 혼합, 대량생산, 규격화된 소비 제품을 위한 거대 시장의 대두, 그리고 대기업의 발흥이라는 대변화가 나타났을 때 영국은 앞서나가던 걸음을 멈추고 지체하기 시작했다. 독일과 미국은 전기·화학·철강 산업 등에서 대규모 자본 투자와 새로운 경영 방법의 도입에 힘입어 비약적으로 발전하고 있었다. 특히 독일은 1871년에 통일국가를 이루면서 엄청난 역동성을 발휘하여 경제적 도약을 하게 된다. 그 결과 1880년 세계 공업 생산량의 22.9%를 차지하던 영국은 1913년에는 13.6%로 위축되었고 반면 미국은 1913년에 36%, 독일이 16%로 영국을 제치게 된다. 산업의 가장 중요한 지수라 할 수 있는 철강 생산에서도 독일의 비중은 1880년의 15%에서 1913년의 24%로 상승한 반면, 영국의 비중은 31%에서 10%로 하락하고 말았다.[02] 금융에서는 여전히 1위였지만 유일한 선두주자는 아니었다. 영국이 주도하던 자유무역과 자유방임 철학도 국제적 지

01 Andrew Gamble, "Theories and Explanations of British Decline" in *Rethinking British Decline* eds. Richard English and Michael Kenny (Macmillan, 2000), pp.5-6.
02 David Coates, *The Question of UK Decline* (Hempstead, Hertfordshire: Harvester Wheatsheaf, 1994), p.215.

배력을 잃으면서 경쟁국들은 관세를 높이고 보호무역으로 돌아섰다.

왜 그런 쇠퇴가 일어났나? 세계 최초의 산업국이자 전 세계의 공장이던 영국의 경제가 쇠락한 원인은 어디에 있을까? 그 책임을 누구에게 돌릴 수 있을까? 영국의 경제적 쇠퇴는 다른 나라들에게도 대단히 중요한 준거가 되기 때문에 많은 연구가 진행되어 왔다. 사실 모든 경제적 선진국은 후진국들의 따라잡기에 시달리게 되어 있다. 후발주자들에게는 늦게 시작했기에 누릴 수 있는 이점이 있다. 거센크론 (Alexander Gerschenkron)은 선두 주자와 후진국 사이에 격차가 크면 클수록 동기나 노력이 더 많이 유발되고 격차를 뛰어넘을 때 얻는 이익도 크다고 주장한다. 피할 수 있는 실수를 피하면서 훨씬 많은 것을 배울 수 있기 때문이다.[03] 실제로 유럽의 후발 산업국가들과 미국은 시행착오를 거치지 않고 영국의 신기술과 자본을 이용하고 기술자와 숙련공들에게 기술을 배울 수 있었다. 영국은 신기술의 해외 유출을 막기 위해 1825년까지 숙련 기술자의 출국을 법으로 금하고 1843년까지 직조기계나 기타 장비를 수출하는 일도 금했다. 그러나 기술과 인적 자원의 유출을 막을 수는 없었다. 예를 들어 미국인 기업가 로웰은 1810년에 영국을 여행하는 도중 카트라이트의 역직기의 핵심 기술을 암기하여 보스톤에서 그대로 복제해 만들었다.[04] 이 실화가 보여 주듯이 초기 기계와 기술은 복제 가능할 정도로 단순했다.

03 데이비드 랜즈, 안진환·최소영 역, 『국가의 부와 빈곤』(한국경제신문, 2010), 424면.
04 양동휴, 『경제사 산책』(일조각, 2007), 80면.

어느 나라든지 전성기를 지나면 쇠락하는 것은 자연스런 과정이라 할 수 있다. 이를 경제학자 킨들버거(Charles Kindleberger)는 국가 주기로 설명한다. 즉 어느 나라든 상업·산업·금융에서 신속하게 성장하여 정점에 이르렀을 때 세계경제의 선두를 차지했다가 그 후 서서히 쇠퇴하는 국가 생명 주기를 겪게 되는데 영국은 그 전형적인 사례라는 것이다. 그러나 이러한 일반적 추세가 확실히 존재한다 해도 그 속도와 시기에 있어 각 나라에 적용되는 특이한 요인들이 있을 것이다. 결국 한 나라의 쇠퇴는 그 나라의 독특한 문화와 제도에 의해 설명될 수밖에 없기 때문이다. 영국의 경우 그런 특이한 영국만의 원인으로, 선두 주자의 불리함 외에 영국 사회의 아마추어 전통, 교육, 영국 사회의 개방성, 제도적 경직성, 영제국의 존재, 노동조합의 저항적 성격 등이 지적된다.

상업·금융 중심의 경제

우선 영국이 강대국이 되면서 역사적으로 강화된 특유의 제도들이 19세기 말 오히려 쇠퇴를 자초했는지를 따져 보아야 한다. 영국이 강대국이 되는 데 기반이 된 것은 무엇보다도 상업과 해상력의 중시 및 자유방임 정책이었다. 섬나라인 영국은 대륙의 농업 국가들과 달리 일찍 상업국으로 성장했고 해상력을 발달시켰다. 상업자본은 자연스레 금융자본과 결탁하는 경향이 있기 때문에 영국 경제는 금융·상업 부문이 예외적으로 발달하게 되었다. 이처럼 영국은 남보다 빠른 경제 발전과 제국이라는 요소가 결합하여 일찍부터 국제적 지향성을 갖는 금융 부문을 발달시켰고, 거기에 제국이라는 요인이 덧붙어 금융이 산업보다 우위를 점하게 되었다.

영국 경제의 쇠퇴를 이야기할 때 그것은 주로 산업의 쇠퇴를 의미한다. 해운, 금융 등 서비스 부문을 보면 영국은 17세기 말부터 20세기 초까지 세계경제의 중심 역할을 잃지 않았다. 문제는 영국이 산업혁명을 처음으로 시작한 나라면서도 산업을 경시했다는 것이다. 학자들은 영국 경제에서 금융과 산업은 갈등 내지 적대 관계에 있었으며 그 싸움에서 산업이 패했다고 판단한다. 영국 자본주의는 산업 중심이 아니라 언제나 상업과 금융 중심이었으며, 최초의 산업국이었지만 본래의 상업·금융 중심적 성격이 산업혁명을 겪으면서도 변하지 않았다는 것이다. 상업과 해운과 금융 수수료로 들어온 수입은 공업 제품을 수출해 벌어들인 소득보다 훨씬 컸다. 이처럼 산업보다는 상업·금융이 우월한 제도가 확립되면서 산업에 대한 투자가 부족해지고, 다른 나라들이 규모의 경제학으로 압박해올 때 제대로 대처하지 못했고 영국 금융기관은 국내 산업에 대한 투자보다는 이윤을 더 많이 남길 수 있는 해외투자에 열광했다.[05] 그 결과 19세기 말, 20세기 초에 국내 산업이

---

05 영국은 1870-1914년에 국내 총 자본의 3분의 1을 해외에 투자했으며 1913년 당시 국부의 3분의 1
    이 해외자산이었다. Sidney Pollard, *Britain's Prime and Britain's Decline* (Edward Arnold, 1991),
    pp.61-62.

위기에 처했을 때 영국 금융계는 안전한 투자를 선호하면서 새롭고 보다 생산적인 산업에 대한 투자를 꺼렸다.

이런 상황은 '최초의 산업국가에서 산업주의는 불편한 위치에 놓여있었다'는 말로 요약된다. 산업에 대한 상업·금융의 우위는 인적인 망으로 굳건히 짜인 구조에 의해서도 유지되었다. 영국 특유의 현상인 토지와 금융의 융합은 흔히 '신사적 자본주의(gentlemanly capitalism)'로 불리는데 그것은 지주층과 금융권이 하나의 지배계급을 만들어내면서 제조업을 홀대했다는 내용이다. 제2장에서 살펴보았듯이 영국은 다른 나라보다 사회적 유동성이 강한 나라였는데 그런 열린사회의 기회를 가장 많이 포착한 사람들은 금융업에 종사하는 인물들로 그들은 기존 엘리트 집단과 쉽게 섞일 수 있었지만, 산업혁명으로 두각을 나타낸 공장주들은 그들이 성취한 것에 비해 제대로 된 대접을 받지 못했다. 지주층과 금융계를 맺어준 매개체는 사립학교와 엘리트 대학이었다.

물론 영국이 산업투자를 소홀히 하고 금융과 서비스에 너무 치중했다는 설에 대하여 그 과정이 비난받을 일은 아니라고 변호하는 학자들도 있다. 특히 루빈스틴(W. D. Rubinstein)은 이익 추구가 바로 금융자본주의의 본질이며, 영국 경제는 거의 항상 금융 중심이었기 때문에 19세기 말에 일어난 해외투자 현상은 쇠퇴가 아니라 자본주의의 당연한 경로였다고 주장한다. 그는 영국 경제의 주류는 항상 산업이 아니라 상업 및 금융이었으며, 영국 문화는 기본적으로 통치에 중점을 두었기 때문에 재능 있는 사람들이 관직이나 금융 같은 전문직으로 진출한다고 해서 이상할 것이 없다는 입장이다.[06] 매클로스키는 과도한 해외투자설을 반박하면서, 만약 영국 금융시장이 국내에 투자하지 않았다면 그것은 국내 투자가 해외만큼의 이익을 보장하지 못했기 때문이라고 지적하면서 해외에 투자된 자본이 전부 국내에 투자되었다 해도 영국 국민의 소득 증가율은 연 2.4%에서 고작 2.58%로 올랐을 것이라고 계산한다.[07] 이들의 주장을 다시 정리하면, 상업 및 금융자본주의가 강했던 영국에서는 상업과 금융에 대한 투자가 제조업에 대한 투자보다 높은 수익을 보장했기 때문에 산업자본이 상업자본으로 자연스럽게 흘러들어갔다는 것이다. 따라서 금융계가 영국 경제정책에 강한 영향을 미쳤음은 사실이지만 금융을 비난하는 것은 잘못이라는 것이다. 금융이야말로 영국 경제에서 가장 활발하고 성공적인 부문이기 때문이다.

이 모든 논의는 제조업과 금융·상업을 대립적으로 간주하는데, 사실 금융자본과 산업자본을 너무 이분법적으로 생각하는 것은 옳지 못하다.[08] 그럼에도 영국 제조업이 금융·상업에 비해 상대적으로 소홀한 대접을 받은 것은 사실로 판단된다.

---

06 W. D. Rubinstein, *Capitalism, Culture, and Decline in Britain 1750-1990* (Routledge, 1993).

07 Paul Warwick, "Did Britain Change? An Inquiry into the Causes of National Decline," *Journal of Contemporary History*, 20/1 (January 1985), pp.101, 106.

08 Martin Smith, "Institutional Approaches to Britain's Relative Economic Decline" in *Rethinking British Decline*, pp.199-200.

| 자유주의 국가와 소규모 기업 |

성공적인 과거로부터 물려받은 경직성과 습관 가운데 두 번째로 자유시장과 자유방임주의를 들 수 있다. 영국은 다른 나라보다 먼저 경제 발전을 이루고 제국적 팽창을 했기 때문에 국가의 지원 없이 산업혁명이 이루어지고 성장도 가능했다. 영국의 산업화는 애초에 개인 중심, 민간 중심으로 이루어졌기 때문에 국가가 나서서 자국 시장을 보호하거나 수출에 보조금을 지급할 유인이 없었으며 자유무역, 자유 방임이 영국의 기풍이 되었다. 초기 기계들은 대개 값이 저렴하고 공장의 규모도 그리 크지 않았기 때문에 비용이 많이 들지 않고 국가의 지원이 필요하지도 않았다. 영국이 최초의 산업국으로 발전했을 때의 조건인 단순한 기술, 소규모 기업 형태, 소규모의 조직, 소규모 자본과 국가의 불간섭주의 관행이 오랫동안 유지되었는데 그것이 나중에는 장애로 작용하게 되었다. 경제학자 킨들버거는 이를 '경제적 동맥경화증'이라고 부른다. 쇠퇴에 직면한 경제는 성장 전략을 갖추어야 하고 산업 지도자와 정치 지도자들이 문제점을 확실히 인식하고 있어야 하며 장기적 계획과 지도를 할 수 있는 더 적극적인 개입이라는 국가의 새로운 역할이 필요한데 그 가능성에 대해 눈을 감게 만들었다는 것이다.[09] 즉 '보이는 손'이 필요할 때 '보이지 않는 손'에 집착했다는 것이

---

09 Michael Mann, *States, War and Capitalism* (Blackwell, 1992), 8장; 찰스 킨들버거. 주경철 역. 『경제 강대국 흥망사』(까치, 2004), pp.244-245.

다. 프랑스와 서독이 경제 부흥에 성공하는 반면 영국이 쇠퇴에 직면했을 때 영국 정부 내에는 그 문제를 종합적으로 고려하고 대처할 기관이 존재조차 하지 않았다.[10]

여기서 특히 문제가 되는 것은 영국 국가의 성격이다. 영국의 경제적 쇠퇴를 비판하는 사람들은 영국 국가가 너무 소극적이었다고 주장한다. 19세기 말에 이르러 후발 산업국들의 도전에 직면하여 영국 경제가 더욱 효율적인 대규모 체제로 전환했어야 할 때 국가 지원이 필요했는데 그런 지원이 없었다는 것이다. 후발 산업국의 정부들은 도로와 운하를 건설하고 철도 건설 비용도 상당 부분 부담했다. 예를 들어 프로이센은 철도채에 대한 이자와 원금 지불을 국가가 보증하는 방법으로 자본이 신속하게 조달될 수 있도록 했다. 영국은 특히 규모의 경제학에서 미국과 독일에 밀리게 된다. 기업사 연구자인 챈들러(Alfred Chandler)는 기업을 개인적 조직과 경영적(managerial) 조직으로 구분했는데 미국과 독일이 후자의 예라면 영국은 전형적으로 가족 중심의 조직이었다. 영국은 최초의 산업국이었기 때문에 소규모 가족 기업 형태가 대세였으며 대기업조차 절대적 크기가 작았다. 영국 내 순위 50위 기업 규모가 미국 내 순위 200위에 못 미치는 수준이었으며, 미국 기업에 비해 영국 기업의 소유는 개인과 가족에게 편중되어 있었다.

독일은 국가가 적극적으로 지원한 산업화의 전형적인 예였다.

---

10 David Reynolds, *Britannia Overruled* (London: Longman, 1996), p.49

19세기 초 이래 30여 개로 분열되어 있던 독일 지역은 1867년과 1870년에 프로이센이 주도한 두 차례의 전쟁을 통해 독일제국으로 통일되었는데 통일 후 본격적으로 산업화에 박차를 가하기 시작했다. 영국의 산업화를 선도한 것이 면공업 분야라면 독일의 경우 철도 건설이었다. 철도는 연관 산업 분야에 막대한 경제적 파급 효과를 가져 오면서 경제성장의 견인차 역할을 하였다. 독일은 자본시장의 발달이 늦어 이 기능을 국가와 은행이 대신했는데 이것이 독일식 기업 지배 구조의 역사적 연원이 되었다. 영국과 달리 산업교육에 충실했던 독일에서는 과학·경영 기술이 발달했고 기업에 필요한 전문기술과 경영 인력 공급이 잘 이루어졌다. 영국의 소규모 기업들과 대조적으로 독일 기업들은 규모가 컸고, 출발부터 세계시장을 상대로 한 독일의 대기업들은 앞선 영·미 기업과 치열하게 경쟁하는 한편 국내에서는 경쟁을 피해 합법적으로 협동·단결했다. 즉 자유경쟁을 배제하고 카르텔과 신디케이트 같은 독점이나 과점과 같은 시장 지배의 방법을 채택했던 것이다. 1870년대 이후 독일 경제는 급격한 변화를 보이는데, 1870년대 중반까지 독일 취업 인구의 절반 가까이가 여전히 농업 분야에 종사했지만 1900년대에는 취업 인구 구성에서 농업국에서 공업국으로 이행하고 1910년대에 이르면 영국을 제치고 유럽 제일의 산업국가로 등장하였다.[11] 그에 비해 영국은 19세기 말에도 100여 년 전의 산업화 초기 상

11 안병직, 〈독일의 산업화와 노동계급의 형성〉, 안병직 외, 『유럽의 산업화와 노동계급』(까치, 1997), 213-220면.

태를 거의 그대로 유지하고 있었다.

이런 설명에서 보듯, 많은 연구자들은 소규모보다 대규모 기업이 성공한다는 '규모의 경제학'을 주장한다. 이 입장에서 보면 영국 기업들은 너무 소규모이고 조직되어 있지 않았으며 대기업 경제의 구축에 실패한 것이 영국 경제에 치명적인 결과를 가져왔다고 판단된다. 그러나 그런 판단에 대하여 회의적 의견도 있다. 효율적이기 위해 기업과 시장이 얼마나 커야 하는지에 대한 정답이 없다는 것이다. 물론 생산 영역이 대기업 중심으로 재편되는 것은 그 자체의 생산성 제고만이 아니라 다른 부수적인 제도적 효과를 가져 온다. 예컨대 전문가 집단의 양성, 금융계에 대한 산업계의 영향력 증대, 경영 및 기술 교육의 강조 등의 이점이 부수적으로 따라온다.[12] 그러나 규모의 경제학 설에 반대하여 소규모 기업이 유연성이 더욱 높고 변화가 필요할 때 더욱 잘 적응할 수 있다는 주장도 있다. 따라서 규모의 경제학이 모든 시대에 항상 옳은 접근법은 아니라고 할 수 있다. 그럼에도 제2차 산업혁명이 진행되었을 때 그 변화는 대규모의 조직과 자본 집중적 산업에 투자를 요구하는 변화였으며, 이 점에서 영국의 소규모 가족 기업 형태가 불리했음은 확실하다.

---

12 Robert Skidelsky, *Interests and Obsessions* (Macmillan, 1993), Chapter 53.

| 기업가 정신의 쇠퇴와 교육 |

이처럼 영국이 변화에 적응하지 못한 원인으로 기업가 정신의 쇠퇴가 거론된다. 19세기 중반에 영국을 방문한 외국인들은 영국인들의 강단과 부에 대한 자부심, 자립정신에 감탄하였다. 그러나 그 세기 말에 영국을 방문한 외국인들은 한때 '변화의 화신'과도 같았던 영국인들이 정신적 관성에 빠져있어 모든 변화를 거부한다고 지적하였다. 일부 학자들은 경영인(manager)과 기업가(entrepreneur)를 구분하여 19세기 말에 영국 기업인들이 경영인 수준에 머물게 되었다고 판단한다. 경영인의 일이 정해진 틀 안에서 합리적으로 행동하는 것이라면 기업가에게 요구되는 덕목은 그 틀을 깨는 혁신인데, 바로 이런 혁신 정신이 영국에서 부족해졌다는 것이다. 그 결과 기업과 기업가들은 제2차 산업혁명 시기에 새로운 고급 기술에 충분히 투자하지 않았을 뿐만 아니라 새로운 경영 방법도 고안하지 못한 채 하던 대로 하는 식의 태도를 고수했다.

그렇다면 기업가 정신은 왜 쇠퇴했는가? 그에 대한 답으로 엘리트 문화와 교육의 특성이 거론된다. 이 주장을 가장 설득력 있고 강력하게 주장한 사람은 미국의 역사학자인 위너(Martin Wiener)다. 위너는 19세기 말 이후 영국 경제가 쇠퇴한 원인을 산업 정신의 쇠퇴에서 찾고 그런 현상을 낳은 범인으로 특히 엘리트 사립학교와 옥스퍼드, 케임브리지 대학을 지목하였다. 위너에 의하면 19세기 후반기에 이르러

반(反)산업적 문화와 생활 태도가 지배적이 되어 열심히 일하는 기업가가 아니라 여가를 즐기는 신사가 존경받게 되고 전원생활의 추구가 영국 사회를 휩쓸었다. 즉 귀족적 가치가 산업가의 가치를 압도했다는 것이다. 특히 사립학교와 옥스퍼드, 케임브리지 등의 엘리트 교육기관들은 신사의 가치와 귀족의 이상을 가르쳐 학생들로 하여금 산업을 경시하고 기술을 천시하게 했으며 부를 추구하는 태도를 저급한 것으로 생각하게 만들었다. 찰스 디킨스(Charles Dickens), 존 러스킨(John Ruskin), 토머스 칼라일(Thomas Carlyle)을 위시한 당대 지식인 문필가들뿐만 아니라 교회와 일부 경제학자들까지 반(反)물질주의를 표명하면서 그런 사회적 조류에 합류했다. 그들은 '전원적 잉글랜드'를 찬양하고 산업혁명의 부정적인 측면을 부각시키며 산업주의를 영국적이 아닌 것으로 표현했다. 그런 분위기 속에서 기업가들은 '위험을 감수하는 사람'이기를 그만 두고 금리 수취인이 되고 활력이 침체되었으며 그 결과는 '쇠퇴'였다는 것이다. 소위 '위너 테제'라 불리는 이 명제는 1960년대 이래 심각하게 감지되고 있던 영국 경제의 쇠퇴와 그 원인을 규명하려는 노력에 힘입어 중요한 화두로 등장했고 큰 반향을 불러 일으켰다.[13]

물론 이에 대한 반론도 만만치 않았다. 즉 산업 자본가들이 자식들을 신사로 양육한 것은 영국만의 현상이 아니라는 주장이다. 어느 나라나 전통적 엘리트층에 합류하고 싶은 욕망은 부르주아지의 공통

13　Martin Wiener, *English Culture and the Decline of the Industrial Spirit 1850-1980* (Penguin, 1992); 그 외 이영석, 『다시 돌아본 자본의 시대』(소나무, 1999), 7장 참조.

된 특징이고 그들은 집이나 생활양식은 물론, 자녀 교육과 사회적 지위에서도 최상의 것을 사고자 한다는 것이다. 게다가 산업 자본가의 자손들이 금융으로 진출한 것은 지위보다는 그곳의 이익이 더 많기 때문으로, 영국에서 기업가 정신은 쇠퇴한 것이 아니라 단지 산업이 아닌 금융으로 옮겨갔다는 것이다.[14] 따라서 기업가 정신이 쇠퇴했다고 말하는 것은 옳지 못하고 영국이 특별한 경우도 아니라는 것이다.

엘리트 사립학교와 대학에 대한 비판은 그곳에서 행해진 교육의 내용에도 적용된다. '영국의 산업은 이튼 학교의 운동장에서 상실되었다'는 말이 있다. 사립학교의 교육 이념은 종교적이고 도덕적이었으며, 교육 내용도 고전 교육에 치중하여 과학과 기술 교육을 무시하고 제국에 대한 충성심 등 점차 시대에 뒤떨어져 가는 정치 이념과 강령을 장래 엘리트에게 주입시켰다. 특히 영국은 학교의 과학·기술 교육을 등한시하고 현장 교육을 고집했다는 비판을 많이 받는다. 제1차 산업혁명을 이끈 인물들은 기술자들이었다. 그러나 제2차 산업혁명의 주인공인 화학과 전기학은 정규 교육이 중요하고 교실과 실험실에서 가장 효율적으로 학습될 수 있는 과목이었다. 과학이 기술보다 우위에 서게 되었던 것이다. 물론 영국도 19세기 후반이 되면 기술 교육의 필요성을 인식하고 1860년대에 산업계의 요구에 대응하기 위한 대학을 설립하기 시작하였다. 옥스브리지 건물들이 돌로 지어진 것과 대조적으로 벽돌로 건축되었기 때문에 '붉은 벽돌' 대학이라고 불린 민립 대

---

14 Mann, *States, War and Capitalism*, p.220.

학들은 직물 공장, 철강 산업 등을 운영하던 지역 산업자본가들의 도움으로 설립되었다. 맨체스터의 오언스 대학(Owens College, 맨체스터 대학의 전신), 셰필드 대학, 버밍엄 대학 들이 1860-1880년대에 설립되었는데, 이들 대학들은 국교회 신자들만 입학할 수 있었던 옥스브리지와 달리 비종파적이었으며 고전이 아닌 새로운 과목들을 가르쳤다. 다윈의 전도사 역할을 자임했던 토머스 헉슬리(Thomas Huxley)는 민립 대학들을 순회 강연하면서 과학교육이 인문학을 대체해야 한다고 강조하였다. 그런 취지에 따라 리즈 대학은 가죽, 가스, 직물 염색에서, 버밍엄 대학은 광업에서, 그리고 리버풀 대학과 뉴캐슬 대학은 조선과 선박 설계 등에서 특수화를 추구하였다.[15]

그런 노력의 결과는 상당히 긍정적이었다. 19세기 말-20세기 초에 영국의 과학기술 교육은 크게 확장했고 과학 전공 졸업자 수가 늘었으며, 옥스브리지를 제외하면 인문학 전공 학생은 소수였다. 그럼에도 과학교육에서 영국은 결코 독일을 따라잡을 수 없었다. 교육의 내용에서 영국과 독일의 산업 경쟁은 '신사와 선수의 싸움'에 비견된다. 19세기 독일은 교육에서 유럽 어느 나라보다 앞서 있었다. 정치적으로, 사회적으로 선진국인 영국조차 1871년 이전에는 초등교육의 의무화가 실행되지 않던 상태였지만 독일 지역의 나라들은 이미 18세기에 초등교육의 의무화를 시행하였다. 1830년 이후 거의 모든 독일인이 읽고 쓸 줄 알게 되어 19세기 말이면 징집된 군인의 문맹률이 0.05%

15 박지향, 『영국적인, 너무나 영국적인』(기파랑, 2006), 408-412면.

로 유럽 전체에서 가장 낮았다. 또한 중등교육 과정에서 과학기술 교육에 많은 노력을 기울여 프로이센 고등학생의 약 30-35%가 실업학교에 다녔다.[16] 이것이 제2차 산업혁명 시기에 독일이 영국을 능가하는 배경이 되었다는 설명이다.

한편 독일은 말할 것도 없고 프랑스의 성공한 아버지들이 아들을 응용과학 학교에 보낼 때 영국의 아버지들은 자식을 이튼, 해로우와 옥스브리지로 보내 그곳에서 과학과 경제학이 아니라 고전을 배우도록 했다. 제1차 세계대전 전야에 영국의 종합대학과 기술학교에서 공학과 기술을 전공한 전업 학생은 2,700명인데 비해 독일은 그 4배였다. 이에 대한 반론으로 영국이 학교교육은 빈약했지만 도제제도가 잘 운영되어 기술 이전에 문제가 없었고 현장 훈련을 중시하는 풍토 덕분에 기능공이 많았다는 주장이 있다. 그럼에도 영국 엘리트 교육에서 과학기술이 한 역할이 만족스럽지 못했음은 부정하기 어려운 사실이다.

| 제국과 강대국의 지위 |

제국은 영국 경제의 쇠퇴를 야기한 중요한 요인으로 지적된다. 영국은 일찍이 스페인, 포르투갈에 뒤이어 해상 제국을 건설하기 시작했지만 계획적이고 의도적인 제국주의적 팽창을 추구하지는 않았다.

---

16   양동휴, 『경제사 산책』, 99면.

그렇기 때문에 영제국은 '방심한 상태에서' 만들어진 제국이라고 불리기도 한다. 그렇지만 영국도 1890년대부터는 의식적으로 세계적인 제국주의 풍조에 합류하였다. 제국은 몇 가지 면에서 영국의 경제적 쇠퇴에 영향을 미쳤는데 우선 교육제도를 보면, 제국 통치자를 육성해야 한다는 목표가 그 핵심에 있었다. 영국이 1860년대 최고의 위치에 올랐을 때 영국 본국의 인구는 전 세계 인구의 2%에 불과했다. 그런데 대영제국이 최대로 확장했을 때 제국은 전 세계 인구의 25%를 포함하고 있었다. 2%의 본국 인구 중에서도 소수 엘리트가 전 세계 인구의 25%를 통치해야 하는 임무를 띠고 있었기 때문에 엘리트 교육은 자연스레 전문 지식을 가르치기보다 전인적인 통치자를 교육시킨다는 목표를 추구하게 되었다. 두 번째로, 앞서 설명되었듯이 영제국의 존재는 금융계를 과도하게 해외에 투자하게 만들었다. 제국주의는 산업보다는 상업·금융의 이해관계와 연결되기 때문이다. 다음으로 제국이 경제에 미친 부정적 효과로 제국을 방어하기 위한 엄청난 군사비용을 들 수 있는데, 1900년에 영국의 세율은 세계에서 가장 높았다. 마지막으로 식민지는 손쉬운 시장을 제공함으로써 영국 경제가 어려움에 직면하여 혁신과 구조 조정을 필요로 할 때 그런 시도 없이 손쉬운 시장으로 도주하게 만들었다.

제국만이 아니라 강대국의 지위를 지키려는 노력도 영국 경제의 쇠퇴를 야기한 원인이었다. 20세기에 일어난 두 차례의 세계대전에서 영국은 처음부터 끝까지 참전한 유일한 승전국이었다. 두 차례 모두 최종적으로 연합국 측의 승리를 이끈 것은 미국의 참전이었지만 미국이 항상 전쟁 초부터 참전한 것은 아니었다.[17] 승전국들 가운데서는 영국만이 처음부터 마지막까지 전쟁을 수행한 나라였다. 제1차 세계대전으로 영국은 국가 자산의 15%를 잃었고 제2차 세계대전에서는 나머지 자산의 28%를 잃었다.[18] 그럼에도 영국은 전쟁 후에도 강대국으로 행세하려는 과잉 욕심 때문에 전 세계에 군대를 주둔시켰다. 그 결과는 막대한 군사 비용의 부담이었고 영국 경제는 더욱 쇠약해졌다. 1950년대에 영국 총리를 지낸 맥밀런(Harold Macmillan)이 이를 잘 요약하였다.

> 만일 우리가 두 차례의 세계대전에서 '패배'하는 데 '성공' 했더라면, 그래서 거의 3,000만 파운드에 가까운 채무를 지는 대신 모든 부채를 청산하고 해외에 군대를 주둔시키지 않았더라면, 우리는 독일처럼 부자가 되었을 것이다.

이처럼 영국의 희소한 자원은 국내의 생산적 산업에 투자되는 게 아니라 제국의 방위와 강대국의 허세를 지키기 위한 군사비에 들어갔던 것이다.

---

17 1914년에 발발한 제1차 세계대전의 경우 미국은 1917년이 되어서야 참전했고 제2차 세계대전에는 전쟁 개시 2년여가 지난 1941년 12월에 참전했다. 제2차 세계대전의 경우 마지막에는 소련이 나치에 대항하여 동부전선을 지켜준 것이 승리에 결정적이었지만, 소련 역시 전쟁 초에는 히틀러와 협정을 맺고 전쟁에 참여하지 않았다.
18 Reynolds, *Britannia Overruled*, p.18.

| 복지국가와 강성 노동조합 |

특히 1945년 이후 영국 경제의 쇠퇴에서 중요하게 간주되는 것이 복지국가의 설립이다. 전후 산업 기반을 마련해 경제 부흥에 집중해야 할 때 '새로운 예루살렘'을 창조한다는 노동당 정부의 야심찬 계획인 복지국가의 설립이라는 국가정책으로 영국 산업의 경쟁력이 약화되었다는 것이다. 즉 경제 부흥을 위해 써야 할 희소한 자원을 잘못 사용했다는 비판이다. 정부 정책도 경제적 쇠퇴에 책임이 큰 것으로 지적된다. 특히 1945년 이후의 경제적 쇠퇴를 강조하는 사람들은 영국 국가가 종전 후 일관된 산업 정책을 추구하지 못했다고 비판한다. 경제학자 폴라드(Sidney Pollard)는 제2차 세계대전이 끝난 후 독일, 프랑스, 일본 등이 거의 완전히 파괴된 상황에서 한동안 영국이 상대적으로 유리한 위치에 있을 때 영국 관료와 정책 결정자들이 미래지향적으로 대응하지 못하여 아까운 기회를 놓쳐 버렸다고 비판한다. 정부가 경제계획과 사회적 조종이라는 비전을 가지고 투자하고 혁신하고 개혁을 추진해야 할 때 영국 정부는 단순히 인플레이션 억제에만 집착했다는 것이다. 여기서 또 다시 제조업에 대한 상업과 금융의 압도가 문제 되는데, 폴라드는 영국에서 자본과 설비에 대한 투자가 다른 나라보다 낮았던 이유는 경제정책의 주무 부서인 재무부가 산업 생산력에 관심을 보이지 않았기 때문이라고 주장한다. 대신 재무부는 국제통화인 파운드 스털링의 가치를 방어하고 금 보유고를 유지하는 데 전념했고 그것은 결

과적으로 영국 제품을 비싸게 만들어 수출을 방해하고 산업 전반에 손해를 끼쳤다.[19]

마지막으로 특히 1970년대 이후 영국의 경제적 쇠퇴의 중요한 원인으로 지목되는 것은 잘못된 노동의 관행이다. 1945년 이후 영국 정부는 보수당 정부든, 노동당 정부든 모두 완전고용을 목표로 정책을 집행하였다. 그 결과 노동의 세력이 강화되었고 노동조합이 무리한 요구와 행동을 자행한 결과 1970년대에 '영국병'이라는 현상이 나타났다. '영국병'의 주요 증상은 잦은 파업, 신기술과 기계화에 대한 노동자들의 거부, 적대적 노사 관계였다. 이런 노조의 관행은 이미 산업혁명 시기에도 감지되었는데 대표적으로 19세기 초에 자주 일어났던 기계 파괴운동을 들 수 있다. 그것은 기계화와 기술 변화로 직접 타격을 입은 숙련공들이 벌인 저항운동이었는데 그들의 거센 저항도 결국 시대의 조류를 거스를 수는 없었다. 그 후 영국 노동운동은 영국 경제의 성공에 기대어 상대적으로 온건한 노선을 걸었지만 1970년대에 이르면 노조는 무책임하고 파괴적이며 기술혁신에 큰 저항을 보이는 걸림돌로 비판받게 되었다.

영국 노동조합은 원래 그 구조가 매우 혼란스럽다. 즉 다른 나라보다 빠른 상공업의 발달과 노동계급의 형성으로 직종별 노조의 오랜 전통을 가지고 있었고 후에 나타난 산별노조와 혼합되어 매우 복잡한 구조로 구성되어 있다. 따라서 노사 갈등이 생기면 사용자가 상대해야

---

19 Sidney Pollard, *The Wasting of the British Economy* (Croom Helm, 1982), 특히 3장, 4장.

'노동당은 작동하지 않는다'라는 보수당의 선거 캠페인(1979)
실업수당을 받기위해 기다리는 줄

할 노동자 대표들이 매우 많다는 점이 영국 노사 관계에서 큰 문제점으로 지적되고는 했다. 예를 들어 수많은 직종별 노조 가운데 하나가 파업에 돌입하면 작업장 전체가 마비되는 일이 꼬리를 물고 일어났던 것이다. 1970년대에 이런 현상이 두드러졌다. 더구나 1945년 이후 노동당이 보수당과 더불어 양대 정당의 하나로 부상하면서 노동당과 노동조합의 정치적 연계가 종종 시장경제를 왜곡시켰다. 그 때문에 기업들은 국내가 아니라 해외에 공장을 차리게 내몰렸다. 완전고용 정책도 영국 경제의 구조 조정을 늦추게 만들었고 그 때문에 또다시 기업이 영국을 떠나 해외로 나가게 되었다.

이런 노조의 저항적 행태를 무너뜨리고 변화를 수용하게 만든 인물은 마거릿 대처(Margaret Thatcher) 수상(1979-1990)이었다. 최근 연구에서 경제학자 크래프츠(Nicholas Crafts)는 노사정 간 인위적 합의하에서 무능한 경영진과 노조가 벌인 협상은 노동자들의 제한적 행동을 가져 오고 그것이 생산성을 저하시키는 연쇄반응을 일으켰다고 지적한다. 그러나 대처 정부하에서 그 고리가 끊기면서 영국 산업의 경쟁력이 강화되고 강화된 경쟁력은 혁신의 증가를 가져오고 궁극적으로 생산성 이 증가했다는 것이다. 2007년경이면 영국은 실질 1인당 GDP가 통일 전 서독이나 프랑스보다 높아지고 1970년대에 최하에 있던 생산성이 회복하고 있음을 알 수 있는데, 이것은 정부 정책이 노사정 합의에 의 존하던 조합주의에서 시장경제와 생산성 향상으로 바뀐 덕분이다.[20]

이상 영국 경제의 쇠퇴를 가져온 여러 요인들을 분석해 보았다. 산업보다는 상업과 금융에 치중했던 영국 자본주의의 성격, 자유방임 적 국가, 재무부와 금융계의 친밀한 관계 등 많은 요인들이 제도적 문 제로 판명된다. 다시 말해 영국 경제의 쇠퇴는 근본적으로는 지배계급 개인의 문제가 아니라 제도의 문제로 돌릴 수 있다. 그러나 너무 제도 를 강조하다보면 '경로 의존성'이라는 문제점에 빠지게 된다. 경로 의 존성에 의하면 과거의 선택으로 인해 미래의 행위자들은 특정한 발전 경로에 갇히게 되고 초기 조건들이 일단 성립되면 그것에서 벗어나기 가 매우 어려워진다. 그러나 제도만으로 모든 걸 해석할 수 없으며, 구 조를 너무 강조하면 우발적인 것들을 무시하는 잘못을 범하게 된다.

---

20 Nicholas Crafts, "British Relative Economic Decline Revisited," Working Paper, Conventry, Department of Economics, University of Warwick, CAGE Online Working Paper Series, volume 2011 (No.42) (May 2011). http://wrap.warwick.ac.uk/44719/.

마지막으로 기억할 것은 영국의 순조로운 역사적 발전이 급격한 변화의 가능성을 어렵게 만들었다는 사실이다. 올슨(Mancur Olson)은 영국처럼 급격한 변혁 없이 완만한 변화를 경험한 나라는 지속적 발전을 방해하는 내적 사회구조를 가지게 된다며 '분배 동맹'이라는 개념을 사용한다. 즉 이익집단들이 자신들의 이익을 지키기 위해 발달시킨 분배 동맹이 신기술의 적용을 막고 새로운 경제적 상황에 적응할 능력을 약화시킴으로써 결과적으로 경제성장을 지연시킨다. 이와 같은 동맥경화 현상을 억제하는 하나의 길은 프랑스혁명과 같은 거대 사건이 발생하여 구시대 사람들을 물러나게 만드는 것이다.[21] 그러나 영국은 그런 거대 사건을 경험하지 않았다. 이 주장은 앞서 언급되었던 위너 테제와도 상통하는 바가 있다. 종합한다면, 영국은 근본적으로 다른 나라보다 이르고 순조로운 근대로의 이행 덕분에 기득권층이 쌓였는데 그들은 위기의 순간에 자신들의 기득권을 해칠 수 있는 그 어떤 개혁에도 저항했다는 것이다. 물론 이처럼 변화와 혁신을 방해한 기득권층에는 엘리트만이 아니라 강성 노동조합도 포함된다.

영국의 경제적 쇠퇴의 경험은 나라 발전에 장애가 되는 여러 요인들을 재점검하게 만들어 다른 나라에도 귀중한 교훈을 준다. 비록 모든 나라는 각기 다른 상황에서 경제 발전과 침체를 경험하지만 영국의 경험이 가르치는 교훈이 한 가지 있다면 그것은 성공이 사람들로 하여

---

21 Mancur Olson, *The Rise and Decline of Nations: Economic Growth, Stagflation and Social Rigidities* (New Have, Yale UP, 1982).

금 그 사회의 약점에 대해 눈 감게 한다는 것이다. 그것을 정확히 인식하고 그 덫에 빠지지 않도록 깨어 있어야 쇠퇴를 피하고 더 큰 성장으로 나아갈 수 있을 것이다.

6장

식민주의·제국주의의
실천

유럽이 세상을 제패했다는 사실을 가장 극적으로 보여 준 것은 유럽 제국의 존재였다. 1500년경에 시작된 대항해 시대가 만든 식민 제국들은 400년 이상 비유럽 세계를 장악했고, 1914년이 되면 10개도 채 안 되는 서구 열강들이 지구의 85%를 식민지·보호령·신탁통치로 소유하게 되었다. 식민지는 원래 멀리 떨어져 있는 영토에 건설된 정착지를 의미하는 것으로 나쁜 뜻이 아니었다. 그러나 이런 의미의 정착형 식민지와 달리 19세기에는 착취형 식민지가 발달하게 된다. 정착형 식민지는 고대 그리스인들이 오늘날의 터키 연안이나 시칠리아에 만든 식민지, 혹은 북아메리카에 형성된 영국 식민지와 같은 것이고, 착취형은 19세기 유럽 열강이 아시아·아프리카에 건설한 식민지들이다. 우선 식민주의와 제국주의 개념을 살펴보면, 식민주의는 어떤 지역을 정복하고 그곳에서 직접적으로 정치적 통제를 한다는 의미의 구체적인 개념이다. 이것과 비교하여 제국주의는 어떤 강력한 세력이 멀리 떨어진 다른 나라·지역·사람들을 지배하에 두는 것을 의미하는데 반드시 식민지나 점령, 지속적 통치를 필요로 하지는 않는다.[01] 그러나 1880년 이후 유럽의 팽창이라는 맥락에서는 식민주의와 제국주의가 거의 구분 없이 사용될 수 있다. 그때에 이르면 두 개념은 동일한 것이 되어버렸기 때문이다. 어느 학자는 구체적으로 1899년이 되면 식민주의와 제국주의의 구분은 사라져 버렸다고 확언한다.[02] 이 장도 19세기 말 이후의 식민주의·제국주의를 주로 다루고 있기 때문에 두 개념을 혼용하여 사용하기로 한다.

역사상 최초로 나타난 체계적 제국은 알렉산더의 제국과 로마제국이었다. 이들 제국은 하나로 연결된 땅덩어리 안에서 팽창하는 경향을 보였는데, 이런 식의 지리적 집중은 대항해 시대와 더불어 극적으로 변하게 된다. 항해술이 발달하여 대양 너머의 제국이 가능해지면서 제국은 더 이상 지리적으로 연속될 필요가 없게 되었다. 근대 들어 최초로 새로운 형태의 제국을 만들어낸 스페인 제국과 포르투갈 제국은 식민지로부터 부를 축적하고 원주민을 개종시킨다는 두 가지 원칙 위에서 운영되었고 식민주의의 혹독한 면모를 여지없이 보여 주었다. 그

---

01 식민주의·제국주의 개념에 대해서는 박지향, 『제국주의: 신화와 현실』(서울대학교 출판문화원, 2000), 2장; David Abernethy, *The Dynamics of Global Dominance: European Overseas Empires 1415-1980* (New Haven: Yale UP, 2000), pp.19-21; Michael Doyle, *Empires* (Ithaca: Cornell UP, 1986), pp.30-45; Cheryl McEwan, *Postcolonialism and Development* (New York: Routledge, 2009), p.82.
02 Robert C. Young, *Postcolonialism: An Historical Introduction* (Oxford: Blackwell, 2001), p.25.

다음에 출현한 영제국은 해상 제국의 특징을 지녔고 상업적 이익을 추구했기 때문에 정복이나 종속에는 별 관심이 없었다. 영국은 스페인을 비난하면서 자신들의 제국은 '자유의 이름으로 통치되는 상업 제국'이라고 주장하였다. 그러나 1880년대부터 역사상 유례없는 제국주의의 팽창기가 시작되자 영국도 영토의 무작정 획득이라는 조류에 휩쓸리게 된다.

이 장에서는 제국주의적 팽창을 야기한 동기들을 살펴보고, 제국주의적 정복을 가능하게 한 과학기술의 발달, 그리고 그에 못지않게 제국의 운영을 도운 현지 협력자의 문제를 분석해 보기로 한다.

| 제국주의의 동기 |

(1) 경제적 동기

제국주의적 팽창에서 가장 중요한 것은 경제적 동기였다. 1880년 이후 최초의 산업자본주의 국가인 영국을 따라잡기 위한 후발 산업국들의 경쟁이 치열해지고 제2차 산업혁명으로 구조 조정이 이루어질 때 유럽 국가들은 너도나도 제국주의적 팽창에 매달렸다. '식민지는 곧 빵과 버터의 문제'라는 선전이 난무했고 식민지는 만병통치약으로 간주되었다. 경제적 동기는 제국주의 정책을 추구하는 데 가장 중요한 요인이었기에 최근까지도 제국주의를 경제적 맥락에서 해석하는 설명이 주를 이루었으며 가장 많은 연구도 이 분야에 축적되어 있다. 그러나 사실은 종종 기대와 다른 식으로 전개되었다.

제국주의를 비판하는 학자들은 유럽이 산업화하고 비유럽 세계보다 앞서 나갈 수 있었던 것은 식민지의 자원을 수탈했기 때문이라고 주장한다. 즉 유럽은 식민지의 자원을 고의적으로 분배하여 자신들의 경제 발전에 사용하면서 식민지 경제 발전을 방해하거나 왜곡시켰다는 것이다. 따라서 만약 식민지가 없었다면 유럽 제국들은 산업화를 이룰 수 없었으리라는 결론이 도출된다. 이 주장을 제일 먼저 제기한 에릭 윌리엄스(Eric Williams)는 서인도제도에서의 반인륜적 노예무역 없이는 유럽의 원초적 자본 축적이 불가능했고, 이 자본이 없었다면 영국의 산업혁명도 없었을 것이고 자본주의도 발달하지 못했을 것이며 따라서 서양의 득세도 불가능했을 것이라고 주장하였다.[03] 이런 입장은 소위 '저개발의 진전(Development of Underdevelopment)'을 주장하는 이론가들에 의해 계승되었다. 물론 노예무역으로부터 발생한 거대한 수익이 곧바로 산업혁명의 초기 자본으로 전환되지 않았으며 노예무역 상인이나 그 후손이 직접적으로 산업 자본가가 되지 않았다는 사실이 후에 입증되었지만, 식민지가 유럽의 경제성장에 불가피한 공헌을 했다는 주장은 계속되었다.

그렇다면 실제로 식민지가 없었어도 유럽의 경제성장은 가능했

---

03 에릭 윌리엄스, 김성균 역, 『자본주의와 노예제도』(우물이 있는 집, 2014).

을까? 식민주의를 비판한 학자들은 식민지가 원료 공급지와 상품 시장으로서 중대한 공헌을 했다는 원론적 주장을 고집하였다. 그러나 최근 경제사학자들은 구체적 증거를 통해 그러한 주장을 반박한다. 즉 유럽은 제3세계의 도움 없이 강력해졌으며, 유럽의 부와 강력한 국가권력, 우월한 고급 기술 등에서 보듯 19세기에 제국주의가 맹위를 떨치기 전에 이미 서양과 비(非)서양의 불균형은 자명했다는 것이다. 열띤 논란이 오간 끝에 오늘날 학계의 결론은 '식민지가 없었어도 유럽은 독자적으로 산업화를 했을 것'이라는 주장에 기울어 있다. 그 증거의 하나로 19세기를 통해 선진 자본주의 국가들이 식민지보다는 자기들끼리 더 활발하게 교역했다는 사실이 지목된다. 영국의 최대 무역 상대는 독일이었고 독일의 최대 무역 상대는 영국이었다. 유럽 국가들 간의 무역이 전체 무역액의 80%를 차지하고 있었던 것이다. 1880년대부터 시작된 제국주의 시기에 가장 많은 영토를 획득한 나라인 프랑스의 경우를 보면, 1860년에 프랑스 상품의 65.1%가 유럽 시장으로 향했고 1910년에는 69.8%였다. 즉 식민지 획득 이전과 이후에 별 차이가 없었다. 자본 투자도 마찬가지였다. 1870-1913년 프랑스 해외 자본 투자의 누적 총액은 3.5배 늘었지만 대부분은 유럽에 투자되었고 4분의 1 미만이 아시아·아프리카로 향했다. 가장 큰 규모의 자본 수출국이던 영국에서도 해외 투자의 반 이상은 독립국과 캐나다·오스트레일리아 같은 백인 자치령으로 향했다. 영국인들은 인도나 말레이시아에 투자하는 것보다 미국이나 프랑스에 투자하는 것을 더 좋아하고 실제로 더 많이 했다.[04] 따라서 학자들은 제국주의가 유럽의 경제 발전에 기여했다 해도 그 기여도는 매우 낮았다고 결론짓는다.

결론적으로 식민지가 제국에 가져다준 경제적 이익에 대한 논의를 종합하면, 식민지들은 적어도 일정 기간 동안은 이득이 될 수 있지만 시간이 지나면서 경제적 이득이 감소했음을 알 수 있다. 경제적 약탈이 식민주의의 가장 큰 동기였음은 분명하지만 실제 결과는 동기와 다르게 나타났다. 식민지가 경제적으로 이득이었는지 여부가 확실하지 않은 데에는 식민지의 획득과 유지에 들어간 군사적·행정적 비용이 엄청났기 때문이다. 군사비만이 아니라 법 체제, 교육제도, 복지시설 등 모든 통치 분야에서 부의 축적과 소비를 총체적으로 파악하는 것은 사실 거의 불가능한데, 직접 통치를 고집한 프랑스의 경우에는 식민지로부터 얻은 이익보다 행정과 통치에 들어간 비용이 훨씬 더 컸음이 확실하다. 물론 국가 차원의 이익과 개인 차원의 이익은 달랐다. 국가 전체로는 이익이 아니었더라도 식민주의로부터 이익을 챙긴 소수가 있었던 것이다. 즉 식민지와 직접 거래한 상인들이나 자본 투자자들은 제국으로부터 분명 이익을 보았지만 식민지 통치 비용은 세금

---

04 Bernard Waites, *Europe and the Third World: from colonisation to decolonisation, c. 1500-1998* (New York: St. Martin's Press, 1999), p.228; M. Edelstein, "Foreign investment and empire 1860-1914" in *The Economic History of Britain since 1700*, Vol.2, 1860-1939, eds. Roderick Floud & Deirdre McCloskey (Cambridge: Cambridge UP, 1994), pp.90-93; Rondo Cameron, *A Concise Economic History of the World* (Oxford: Oxford UP, 1993), p.301. 제국주의와 경제에 대해서는 특히 다음 문헌을 참조. 박지향, 『제국주의: 신화와 현실』(서울대학교출판문화원, 2000), 제5장; Paul Bairoch, *Economics and World history: Myths and Paradoxes* (New York: Harvester Wheatsheaf, 1993).

을 납부한 전체 국민들 몫으로 돌아갔다. [05]

　중요한 것은 서양이 식민주의로부터 얻은 것이 별로 없었다는 말
은 식민지 사회가 잃은 것이 별로 없었다는 말과 동일시되면 안 된다
는 사실이다. 양쪽 경제의 규모에는 거대한 차이가 있었고 그 차이는
중심부와 주변부에 불균등한 효과를 낳을 수밖에 없었다. 한쪽에서 보
는 그림은 다른 쪽에서 보면 매우 달랐다. 많은 식민지 사회에서 수출
의 거의 전부가 선진국으로 향했고 그 수출의 90% 이상을 1차 산업 생
산품이 차지했다. 여기서 서양의 산업화를 마치 비서양 사회에서 생산
되는 원료 덕분으로 보는 신화가 탄생했던 것이다. [06] 이처럼 '식민지가
없었어도 유럽이 산업화에 성공하고 부유한 나라가 되었을 것'이 요즘
의 결론이라면, '식민지들은 유럽 덕분에 근대화에 다가가고 옛날보다
잘 살게 되었는가, 혹은 반대로 경제성장이 지체되었는가?'라는 문제
가 제기된다. 이 문제는 제7장에서 다루기로 한다.

(2) 정치적 · 전략적 동기

　제국주의적 팽창에서 경제적 요인 못지않게 중요한 것은 정치

05　Lance Davis & R. Huttenback, *Mammon and the Pursuit of Empire* (Cambridge: Cambridge UP, 1988).
06　Patrick O'Brien, "European Economic Development: the Contribution of the Periphery," *Economic History Review*, Vol.35 No.1 (February 1982); Patrick O'Brien, "Intercontinental Trade and the Development of the Third World since the Industrial Revolution," *Journal of World History*, 8/1(1997)도 참조.

적·전략적 동기였다. 경제적 요인은 항상 거기 있었다. 1880년 이후 제국주의의 새로운 양상이 있다면 그것은 이때 갑자기 더욱 중요해진 정치적·전략적 요인이었다. 그리고 그 배경에는 독일의 통일(1871)이라는 중요한 사건이 있었다. 1860년대까지 30여 개의 크고 작은 정치 단위로 분열되어 있던 독일 지역이 프로이센의 철혈재상 비스마르크(Otto Eduard Leopold von Bismarck)의 주도하에 통일되었던 것이다. 독일 통일은 당연히 영국, 프랑스, 러시아 등 주변국들의 불안감을 고조시켰고 군국주의적 경쟁 체제로 돌입하게 만들었다. 그러나 유럽 자체는 대단히 조밀한 지역의 세력균형으로 유지되었기 때문에 열강들의 경쟁이 유럽 아닌 주변부에서 벌어지게 되었다.

민족주의의 발흥도 제국주의에 기여하였다. 독일의 통일이 보여주듯이 19세기에 가장 중요한 이데올로기로 부상한 민족주의는 배타적으로 자기 민족의 우월함을 입증하는 증거로 제국에 주목하였다. 특히 보불전쟁(1870)에서 프로이센에 패배한 프랑스는 치욕을 만회하기 위해 제국적 팽창에 매달렸는데, 이때 비스마르크는 프랑스의 적대감을 완화시키려는 의도로 프랑스의 아프리카 진출을 권장하였다. 국내 정치용으로도 제국주의는 중요했다. 정치인들은 국내적으로 어려운 문제가 있을 때 국민들의 시선을 외국으로 돌리는 데 제국을 곧잘 이용했던 것이다. 유권자들에게 가장 강한 호소력은 '조국의 영광'임을 정치가들은 잘 알고 있었다. 영국 보수당도 1870년대에 디즈레일리(Benjamin Disraeli)가 보수당을 '제국의 당'으로 선언한 후 지지율이 크게

동인도회사

올랐다.

　한편 전략적 팽창의 예로는 인도를 들 수 있다. 영국이 인도에 진출한 것은 엘리자베스 1세 치세인 1600년이었다. 그 해에 동인도회사가 특허장을 받고 인도와의 무역을 독점하였다. 동인도회사는 상업을 목표로 했지만 상업을 위해서는 군대가 필요했고 그 과정에서 점차 통치까지 담당하는 복잡한 조직으로 발달하게 되었다. 그러나 1857-1858년에 일어난 인도인 용병들의 봉기를 계기로 영국 정부가 인도를 직접 통치하게 되었다. 이처럼 인도는 1857년까지 영국이라는 국가가 아니라 사기업인 동인도회사에 의해 통치되었지만 실제로는 영국 정부가 동인도회사를 감독하는, 일종의 이원적 구조였다. 영국이 인도에 처음 진출했을 때는 상업적·경제적인 이유가 압도적이었지만 19세기 중반쯤 되면 인도의 중요성은 러시아의 견제로 옮겨갔다. 나폴레옹을 패배시키는 데 결정적으로 중요한 역할을 한 러시아는 나폴레옹전쟁 후 세력이 강해지기 시작했는데, 러시아의 남하정책을 막기 위해 인도는 꼭 필요한 전략적 지역이 되었던 것이다.

비슷한 성격의 전략적 팽창을 19세기 후반에 아프리카에서도 찾아볼 수 있다. 영국이 1880년대에 이집트를 점령한 것도 수에즈운하를 확보하여 인도 항로를 지키려는 전략적 의도였다. 문제는 영국 수상 솔즈베리 후작이 인정했듯이 그 맹목적 성격이었다. 솔즈베리는 "우리는 산과 강, 호수들을 우리끼리 주고받았다. 그러면서 단지 한 가지 장애물에 직면했는데 그것은 그 산과 강, 호수들이 어디에 위치하고 있는지를 몰랐다는 사실이다"라고 실토했다. 서부 아프리카 지역을 관할하고 있던 프랑스 행정관들은 제1차 세계대전에 이르러서도 그들이 실제로 통치한 지역은 군대가 행진하는 길뿐이었다고 토로하였다.[07] 제국주의는 결국 국가의 명예와 위신을 지키려는 욕구나 자본주

07　스티븐 하우, 강유원·한동희 역, 『제국』(뿌리와이파리, 2007), 122면.

의적 탐욕 이전에 인간의 원천적 욕심에서 비롯된 측면이 강하다는 사실을 알 수 있다. 그것은 산업화가 거의 진척되지 않았고 경제적으로 낙후되어 있어 원료 공급지와 제품의 시장으로서의 식민지가 필요하지 않았던 이탈리아조차 제국주의적 경쟁에 뛰어들었다는 사실에서도 알 수 있다.

(3) 문명화의 사명

마지막으로 제국주의의 중요한 동기로 소위 '문명화의 사명'을 들 수 있다. 문명화의 사명은 19세기 제국주의의 가장 큰 명분이었다. 우월한 문명을 전파하겠다는 것은 사실 역사상 존재했던 모든 제국이 자임한 명분이었다. 로마제국과 중국을 막론하고 모든 제국은 변경 지대를 점령하고 제국을 확장할 때 변방인들을 주류 문화에 포섭한다는 명분을 내세웠다. 그러나 근대 유럽은 '근대성'을 자신들의 독특한 자산으로 주장하고 문명의 전파를 사명으로 인식했다는 점에서 다른 어느 문명과도 달랐다. 근대 이후 제국의 지배 논리 가운데 가장 강력한 것은 종교였다. 기독교 선교사들도 문명화의 사명을 실천하려 한 사람들이었다. 선교사들은 기독교를 전파하겠다는 강렬한 의지로 무장했고 제국적 팽창을 지지했으며, 그들이 현지에서 부딪힌 어려움을 타개하기 위해 종종 본국 정부에 도움을 요청했다. 그들의 요청은 제국주의적 개입의 좋은 구실이 되었다. 하지만 낯선 풍토와 미지의 땅에서 선교사들의 희생은 컸다. 19세기 말에 조선에 온 어떤 선교사는 "조선은 천국으로 가는 관문인 듯하다"고 말했다.[08] 그만큼 선교사들만이 아니라 그 자식들도 정변이나 풍토병에 많이 희생되었던 것이다. 의료 선교사로 아프리카에 파견되었지만 궁극적으로는 탐험가로 이름을 날린 리빙스턴(David Livingstone)도 자신의 심정을 다음과 같이 토로했다. "어린 자식들을 보면서 이 아이들 가운데 누구와 함께 돌아가게 될까 하고 자문할 때 내가 느끼는 감정은 부모의 가슴으로만 느낄 수 있을 것이다."[09] 자기 아이들의 생명보다 다른 사람의 영혼을 더 중요시 할 정도로 선교사들에게 기독교의 전파는 중요한 소명이었다.

문명화의 목표는 기독교를 넘어 유럽 문명 자체의 전파였다. 거기에는 대의제 자유민주주의, 자본주의, 법치주의, 교육, 의학과 공공위생, 문학과 예술 등이 포함되었다. 특히 영제국은 자유와 자유무역의 전파를 자신들의 소명으로 여겼으며, 프랑스 식민주의는 프랑스 언어와 문화, 그리고 공화주의의 확산을 목표로 하였다. 프랑스보다 '문명화의 사명'이라는 표현을 더 좋아한 나라는 없었지만 영국이야말로 그 사명을 가장 심각하게 받아들인 나라였다. 1850년대 런던에 와서 죽을 때까지 30여 년 동안 영국을 지켜본 카를 마르크스(Karl Heinrich Marx)도 '영국의 죄악이 무엇이건 간에 그들은 아시아에 근본적인 혁명을 가져오는 데 역사의 무의식적인 도구가 되었다'며 문명화의 사명을

08 릴리어스 호톤 언더우드, 김철 역, 『언더우드 부인의 조선 견문록』(이숲, 2008), 276면.
09 니얼 퍼거슨, 김종원 역, 『제국』(민음사, 2006), 191면.

문명화의 사명

인정해 주었다. 근대화는 원주민들에게 남겨 둔다면 할 수 없거나 잘 할 수 없는 것으로 상정되었고 식민주의는 근대화의 필요한 도구로 정당화되었다. 사실 많은 비유럽 세계 주민들도 근대성을 표방한 유럽 문명을 선망하였다.

아이러니는, 콘래드(Joseph Conrad)의 소설 『암흑의 핵심(*Heart of Darkness*)』이 잘 보여 주듯이, 문명을 가르친다는 명분의 식민주의가 오히려 유럽인들을 야만인으로 전락시키고 말았다는 사실이다. 『암흑의 핵심』은 벨기에령 콩고에서의 식민주의를 고발한 작품인데 그곳의 고무 산업은 특히 악명 높았다. 19세기 말에 고무가 빠른 속도로 중요한 산업 원자재가 되고 고무 수출이 벨기에의 가장 중요한 수입원이 되자 벨기에 식민주의자들은 할당량을 채우지 못한 사람들의 팔을 절단해 버리든가 마을사람 전체를 학살하는 등 가혹 행위를 자행하였다. 가장 보수적으로 추정해도 1885-1908년 사이에 희생된 사람들의 수는 콩고 인구의 20%인 600만 명에 이르렀다.[10] 암흑의 핵심은 아프리카가 아니라 런던과 브뤼셀이었던 것이다.

이상 살펴본 대로 제국주의적 팽창의 배경에는 여러 동기가 자리 잡고 있었다. 어떤 때는 정치적 동기가, 어떤 때는 경제적 동기가 중요했으며 또 어떤 사람들에게는 문명화의 사명이 무엇보다 중요했다. 제국주의적 심성도 작용하였다. 19세기 말의 세상은 한마디로 '우승열패'의 세상이었다. 우월한 자는 승하고 열등한 자는 패하는 것이 절대 진리로 세상을 장악하고 있었다. 이것의 과학적 근거를 제공해준 인물은 불행히도 찰스 다윈(Charles Darwin)이었다. 다윈의 『종의 기원』이 1859년에 영국에서 발간되어 큰 충격을 주었는데, 그 후 우월한 특정 형질이 생존에 더욱 적합하기 때문에 살아남았다는 다윈의 적자생존/자연선택설은 생물학을 넘어 사회적으로도 적용되었다. '사회적 다윈주의' 원칙을 인종 관계에 대입하면 우월한 인종이 열등한 인종을 종속시키고 열등한 인종이 결국 멸종하는 것은 어쩔 수 없는 자연의 법칙이 된다. 여기서 인종주의 이데올로기와 우생학과 같은 사이비 과학이 대두하였다. 우생학은 다윈의 사촌인 프랜시스 골턴(Francis Galton)에 의해 시작되었다. 물론 골턴 자신은 인종차별을 위한 학문을 만들

---

10 유발 하라리, 『사피엔스』(김영사, 2015), 470면.

려 했던 것은 아니지만 정치가들과 인종주의자들에 의해 우생학은 인종차별적인 도구가 되어버렸다.

| 과학기술과 제국 |

19세기에 일어난 급속한 제국주의적 팽창을 보면 유럽인들이 일단 원하기만 하면 얼마든지 비유럽 세계를 정복하고 침투할 수 있는 수단을 갖추고 있었다고 가정하게 된다. 그러나 실제 상황은 그렇지 않았다. 19세기 중엽 바람을 거슬러 운행할 수 있는 증기선과 키니네의 발명, 그리고 교통·통신망이 발달하기 전에는 제국주의적 욕심은 종종 좌절되기 일쑤였다.

서양 제국주의의 승리에 마침표를 찍어준 것은 근대적 무기였다. 산업혁명 후 무기가 급격히 발달했는데, 1880년대에 맥심(Hiram S. Maxim)이 발명한 기관총은 서양의 군사적 위력을 보여 주는 상징이었다. '우리는 맥심 총을 가지고 있고 그들은 가지고 있지 않다'는 간결한 말이 그 핵심을 표현한다. 1분에 600발을 연속적으로 발사할 수 있는 이 무기가 얼마나 막강했는지는 영국과 수단 토착민들과의 전쟁(1898)에서 드러났다. 영국과 이집트의 혼성으로 구성된 영국 측은 26,000명, 수단 측은 60,000명으로 영국 측이 수적으로는 훨씬 열세였지만 그들은 40정의 맥심 기관총을 가지고 있었다. 5시간 남짓한 대접전 끝에

제국주의

수단 측이 11,000명의 전사자를 포함해 27,000명의 사상자를 냈을 때 영국 측 사상자는 사망자 48명을 포함해 400여 명에 불과했다. 아프리카 서부지역의 차드에서 320명의 프랑스군이 12,000명의 차드 병력을 물리친 것(1899)도 압도적으로 앞선 무기 덕분이었다.

　그러나 백인들이 이런 월등한 무기를 가지고도 어쩔 수 없었던 것은 풍토병이었다. 이질, 장티푸스, 황달병, 무엇보다도 말라리아는 유럽인들의 접근을 좌절시킨 최대의 적이었으며 열대 아프리카는 진정 '백인의 무덤'이었다. 1805년에 시작된 나일강 상류에 대한 탐험은 원정대 모두가 사망하는 결과를 가져왔고, 시에라리온에 주둔하던 영국

병사들의 사망률은 본국 병사들보다 30배나 높았다. 말라리아는 아프리카만이 아니라 인도에서도 맹위를 떨치고 있었다. 따라서 풍토병을 다스리는 것이 무엇보다 중요한 과제였다. 1820-1830년대에 말라리아 치료약인 키니네를 개발하는 등 유럽 과학자들이 질병의 병인을 밝혀내고 대응책을 찾아낸 덕분에 유럽 제국은 아프리카 내륙으로 파고들 수 있었다. 그와 동시에 서양의 의학 지식이 내륙으로 전파되었다. 문명화의 사명이라는 오만함의 산물이긴 했지만 덕분에 공중 보건이 진보하게 된 것도 사실이었다. 유럽의 식민 통치가 끝나기 전에 현지인들의 평균수명이 늘어나기 시작했는데, 그 결과 서양이 전파한 혜택 중 가장 훌륭한 것은 현대 의학이라는 평가가 있을 정도다.[11]

　　근대적 무기와 풍토병의 극복 다음으로 제국주의적 팽창을 도운 세 번째 요소는 교통·통신의 발달이었다. 로마제국과 영제국을 구분해주는 가장 중요한 차이는 로마제국은 그렇지 못했는데 반해 영제국은 교통·통신에 의해 통일되어 있었다는 사실이다. 통신 수단이 발달하기 전에 식민지의 효율적 통치는 불가능했다. 18세기에 영국 수상 월폴(Robert Walpole)은 동인도회사에 대해 "명령을 보내는 데 일 년이 걸리는 나라를 지배하려 한다"고 평한 바 있다.[12] 답장을 2년 내에 받을 수 있으리라 기대하는 것은 불가능했다. 1830년대에도 런던에서 보낸 편지가 인도에 도달하려면 5-8개월이 걸렸고 증기선이 우편물 운송

11　니얼 퍼거슨, 구세희·김정희 역, 『시빌라이제이션: 서양과 나머지 세계』(21세기북스, 2011), 280-281면.

12　Philip Lawson, *The East India Company* (London: Longman, 1994), p.107.

에 투입되고 난 후에도 영국-인도 간 편도 여행은 6주가 걸렸다. 이런 상황을 타개한 것이 전보의 발명(1837)과 해저 전신망이었다. 전보의 발명을 필두로 하여 해저 전신망, 그리고 전화의 발명(1876) 등으로 이어진 일련의 통신 혁명은 서로 떨어져 있는 영제국의 지역들을 연결시켜 주었다. 전보 체제는 두 부문으로 구성되었는데 주로 해저 전신망을 통한 대륙 간 연결과 내륙에서의 연결이었다. 19세기에 개발된 모든 경이로운 업적 가운데 해저 전신망만큼 이 세계를 명백하게 축소시킨 것은 없었다. 영국 해협을 건너는 최초의 해저 전신망이 1850년에 놓였고 인도는 1870년에 연결되었다. 1902년에 영국, 캐나다, 뉴질랜드, 오스트레일리아 등 영제국을 모두 이어주는 전신망이 완성되었다. 물론 프랑스 등 다른 제국은 영국보다 과학기술 면에서 크게 뒤졌다.[13]

아이러니는 교통·통신망의 통일이 제국 통치자뿐만 아니라 종속민들을 위해서도 작용했다는 사실이다. 용병들의 반란 후 인도 제국 정부는 유사시 군대 이동을 위해 철도 부설에 박차를 가했는데 이러한 통일은 처음에는 제국 지배자와 상인들에게 이로웠지만 그 후에는 오히려 그들에게 불리하게 작용하였다. 당시 어떤 현명한 영국인은 '철도는 인도를 위해 아크바르 대제와 같은 천재조차 할 수 없었던 일을 할지도 모른다. 즉 인도를 하나의 민족으로 만드는 것이다. 그러나 인

---

13 Daniel Headrick, *The Tools of Empire: Technology and Imperialism in the Nineteenth Century* (Oxford: Oxford UP, 1981); Headrick, *The Invisible Weapon: Telecommunications and International Politics 1851-1945* (Oxford: Oxford UP, 1991).

도가 민족이 될 때 영국은 떠나야 할 것'이라고 예견했다.[14] 그리고 그의 예견은 곧 사실로 입증되었다.

| 협력, 협력자 |

흔히 제국주의 하면 떠올리는 제국의 이미지는 압도적이고 일방적인 지배다. 그러나 서양 제국주의는 한정된 인력과 자원으로 대단히 광활한 지역을 지배했기 때문에 식민지 사회 심층부까지 침투할 수 없었다. 따라서 실제로는 현지 협력자 없이는 식민지를 점령하고 지배하는 것이 불가능했다. 연구자들은 영제국이 그처럼 광활하게 팽창할 수 있었던 것이 '칼의 힘 덕분인지 아니면 협력자 덕분인지'에 대해 협력자가 더욱 중요했다고 결론짓는다.[15] 그만큼 협력자의 존재는 제국주의적 침투와 제국 운영에 결정적이었다.

협력 행위에 대한 관심은 최근의 포스트 식민주의 연구에서 자극을 받았다. 포스트 식민주의 연구들은 중심부에만 기울이던 관심을 주변부에 돌려 그동안 일방적으로 수동적이고 종속적인 존재로만 간주되던 식민지 주민들을 보다 적극적인 '행위자'로 복구시키려는 의도를 보여 주는데, 그 과정에서 특히 현지인들의 협력이 관심 주제로 떠올

---

14   T. O. Lloyd, *The British Empire 1558–1983* (Oxford: Oxford UP, 1991), p.177.
15   Anthony Webster, *The Debate on the Rise of the British Empire* (Manchester: Manchester UP, 2006).

랐다. '역사 다시 보기'라는 현상도 협력자와 협력 행위에 대한 연구를 자극하였다. 특히 나치 점령기의 프랑스 사회를 다시 해석하려는 풍조가 중요했다. 제2차 세계대전 종결 후 프랑스에는 드골이 주도하여 만든 '4천만의 저항한 국민'이라는 신화가 만들어졌다. 드골은 많은 프랑스인들이 사실상 나치와 타협했다는 사실을 알면서도 국민적 결속과 프랑스의 위대함을 주장하기 위해 여론을 조작했는데, 점차 나치 점령기에 대한 사실들이 드러나고 의문이 제기되면서 역사 다시 보기가 시작되었다.[16]

　　최근까지도 식민주의 연구는 저항과 협력을 흑백으로 판단하여 저항은 좋은 것이고 자기희생적 용기와 애국심의 상징이며 협력은 나쁜 것이고 불명예스럽고 병적인 것으로 치부하였다. 그러나 최근에는 협력 행위를 도덕적·윤리적 차원에서 매도만 할 것이 아니라 그들의 변명까지도 객관적으로 이해해 보려는 입장이 나타났다. 나아가 '좋은 의도의 협력'을 인정하자는 주장도 제기되어 논란을 유발하였다. 협력 이론에 의하면, 협력은 극단적인 이탈 행위가 아니라 종속민들 사이에 광범위하게 퍼져 있던 현상이었다. 군사적 점령기나 식민 지배하에서 협력은 일부에게만 국한되지 않았고 일반인들도 일상적인 삶을 영위하기 위해 어느 정도 협력을 할 수밖에 없었다. 다수는 현실을 받아들이고 기꺼워하지는 않았지만 적응할 수밖에 없었고, 의도적인 저항은 오히려 예외적 현상이었다. 더구나 짧은 군사 점령기가 아닌 오래 지

16　박지향, 〈협력자들: 나치 점령기 유럽과 일제치하 조선〉, 「서양사론」 제103호(2009.12) 참조.

속된 식민지 시기에는 적응과 타협이 더 정상적인 반응일 수 있다.

일제 강점기를 경험한 우리와 마찬가지로 나치 점령기를 경험한 유럽에서도 가장 흔히 보이는 협력자는 체제를 운영하는 데 참여한 사람들, 특히 관리들이었고 전후 각국에서 진행된 숙청에서 비난의 대상이 된 사람들도 주로 그들이었다. 그러나 그들은 자신의 행위가 나치즘의 가장 흉악한 극단으로부터 국민을 보호하려는 의도였을 뿐 자신은 정복자와 대중 사이에서 충격 완화제 역할을 했다는 자기변호를 펼쳤다. 누군가 대중을 구하기 위해 '손을 더럽혀야' 했으며, 잘못한 일도 있지만 자신들은 모두 '정직한 애국자'였다는 것이다.[17] 아프리카 식민지 사회에 대한 최근 연구도 낮은 등급의 현지인들이 관리, 교사, 법 집행인으로 식민 체제를 운영했음을 밝혀준다. 흥미로운 점은 독립 후 첫 정부에도 이들이 많이 포함되었다는 사실이다. 그들은 식민 지배하에서 통치의 중요한 부분이었지만 동시에 식민 지배자에 대한 잠재적 도전자이기도 했다. 우리 경우에도 대일 협력자로 비난받는 사람들 가운데 가장 눈에 띄는 집단은 이완용처럼 망국에 협력한 인물들을 제외하고는 일제 통치기구에 참여한 관리와 지식인들이다. 해방 후 일제의 동화정책에 적극적으로 공조한 이데올로그 형 협력자는 정치적으로 제거되었지만 테크노크라트 형 협력자들은 대한민국 건국에 적극 참

---

17 Timothy Brook, *Collaboration: Japanese Agents and Local Elites* (Cambridge: Harvard UP, 2005), p.245; Stephen Gilliatt, *An Exploration of the Dynamics of Collaboration and Non-Resistance* (Lewiston, New York: Edwin Mellen, 2000), xiv; Bertram M. Gordon, "The Morphology of the Collaborator: the French case," *Journal of European Studies*, 23 (1993), p.15.

여했는데 제헌의회 의원의 약 30%가 테크노크라트 형 인물이었다는 연구가 있다.[18]

협력자는 몇 개의 부류로 분류할 수 있다. 첫 번째는 기득권의 유지와 개인적 영달을 위해 제국주의 세력에 협력한 자이고, 두 번째는 제국의 힘을 빌려서라도 조국을 근대화하고자 했던 중간계급이나 지식인 같은 주저하는 협력자, 세 번째는 기존 권력 체제에 불만을 가진 자, 그리고 마지막으로 단순한 기회주의자들이다. 여기서 중요한 것은 두 번째 유형인 '주저하는 협력자'이다. 이들은 주로 새로운 전문직이나 서구식 교육을 받은 중간계급에서 발견되는데, 조국의 근대화가 자력으로는 불가능하거나 너무 오랜 시간을 필요로 한다고 판단한 그들은 제국의 힘을 빌려서라도 조국의 근대화를 이루기를 원하였다. 그들은 서구식 교육으로 무장하고 엘리트 관료가 되어 제국 통치에 참여함으로써 통치 경험을 쌓았고 궁극적으로는 독립 후 사회를 이끌어갈 임무를 띠게 되었다. 인도의 경우 1947년 독립 당시 엘리트 관리들은 민족주의자들의 반대의 표적이 되었으며, 네루도 처음에는 이들에게 강한 반감을 가지고 있었지만 권력 이양을 준비하면서 입장을 바꾸었다. 그 결과 다른 신생 독립국에서 협력자들이 망명하고 수용소로 보내지는 와중에 네루는 그들을 불러 차를 마시고 그들이 준비한 브리핑 자료를 읽었다.[19] 한편 협력자의 세 번째 유형은 기존 사회의 권력 분배

18 나미키 마사히토, 〈식민지 시기 조선인의 정치 참여—해방후사와 관련해서〉, 박지향 외, 『해방 전후사의 재인식』, 1권(책세상, 2006).

19 Judith M. Brown, *Nehru: A Political Life* (New Haven: Yale UP, 2003), p.206; Edward Luce, *In*

에 불만을 품고 협력에 나선 사람들이었다. 예를 들어 나치 점령기는 권력 구조 밖에 있던 많은 프랑스인들에게 기존 권력 관계를 청산할 기회를 제공했으며, 아프리카 사회나 일본이 점령했던 중국 지역에 대한 연구도 협력자들 가운데에는 가난하고 억압받던 사람들이 많이 포함되었음을 밝혀 주었다.[20]

그렇다면 일반인들의 협력 행위는 어떠했는가? 실상 유명 인사들의 협력 행위에만 초점을 맞추는 것은 협력이 마치 일부에게만 국한되었다는 잘못된 인상을 줄 수 있다. 협력은 사회 전반에 걸쳐 광범위하게 퍼져 있었다. 점령 상황은 많은 나라에서 정치적 지도자와 정부만이 아니라 일반인들에게도 '협력할 것인가 말 것인가'라는 딜레마를 던졌는데, 연구자들은 자발적인 대중의 타협이 후에 숙청에서 처벌받은 사람들보다 못하지 않았다고 결론짓는다.[21] 굳이 협력에 동조하지 않았다고 해서 대중이 저항을 지지한 것도 아니었다. 사람들은 놀랄 정도의 수동적 태도를 보였는데 미래에 대한 불확실성, 매일 매일의 삶의 어려움, 그리고 당국의 정책이 그러한 태도를 더욱 조장하였다. 어찌되었든 식민지 사회나 점령군하에서 일상생활을 영위한 대중의 협력 행위와 그들의 상충하는 목소리에 더욱 귀를 기울여야 한다는 것이

Spite of the Gods: the strange rise of modern India (New York: Doubleday, 2007), p.15.

20 Timothy Brook, "Collaborationist Nationalism in Occupied Wartime China" in *Nation Work: Asian elites and national identities*, eds. Timothy Brook & Andre Schmid (Ann Arbor: University of Michigan Press, 2000).

21 Philippe Burrin, *France under the Germans: collaboration and compromise* (New York: New Press, 1996), pp.468-469; Werner Rings, *Life with the Enemy: collaboration and resistancc in Hitler's Europe, 1939-1945* (Garden City, N.Y.: Doubleday, 1982), pp.79, 83, 463.

연구자들의 공통된 의견이다.

물론 저항의 가치를 과소평가해서는 안 된다. 비록 저항은 점령자들을 몰아내는 수단으로서는 부족했지만 협력 외에 다른 대안이 있음을 환기시키는 역할을 했던 것이다. 그러나 대다수 사람들이 저항의 길을 택하지 않았다고 해서 그들을 윤리적으로 비난하는 것은 현명한 태도가 아니다. 레지스탕스 활동을 한 시몬 베이유(Simone Weil)도 그 시대의 복잡함을 이해하는 것은 너무나 어렵다는 사실을 강조하면서 "몇몇은 잘 행동했고 몇몇은 나쁘게 행동했으며 다수는 두 가지를 동시에 했다"고 말했다. 상황은 "오늘날 사람들이 그리는 것처럼 단순하지 않았다"는 것이다.[22]

최근 연구들의 영향으로 협력과 저항의 경계도 모호해졌다. 태평양전쟁 중 일본에 점령된 중국 지역을 연구한 브룩(Timothy Brook)은 언뜻 보기에 협력은 민족주의의 반대 같지만 협력자나 민족주의자는 그 신념에서 다를 바가 없었으며 그들은 모두 민족의 언어로, 민족을 대신해서, 민족의 이익을 위해 발언했다고 지적한다. 브룩은 그러한 민족주의를 '협력주의적 민족주의'라 부르는데, 비슷하게 조관자는 이광수에 대하여 '친일 내셔널리스트'라는 개념을 사용하였다.[23] 요즘은 우리 경우에도 천편일률적인 도덕적, 민족주의적 시각에서 벗어나 대일

22 Pierre Laborie, "1940-1944: Double-Think in France" in *France at War: Vichy and the historians*, *eds.* Sarah Fishman, Laura Lee Downs & Ioannis Sinanogl (Oxford: Berg, 2000), p.185.
23 Brook, "Collaborationist Nationalism in Occupied Wartime China," p.161; 조관자, 〈민족의 힘을 욕망한 친일 내셔널리스트 이광수〉, 박지향 외, 『해방전후사의 재인식』, 1권(책세상, 2006).

협력자들의 다양한 동기와 상황을 분석하고 이해해야 한다는 의견이 제기되었다. 일제 시기를 산 우리 선조들도 나치 점령하의 유럽인들처럼 상황에 적응하면서 나름대로 저항과 협력의 두 극단 사이 어딘가에 자신의 위치를 발견했을 것이 확실하다. 그러나 그들 모두를 친일파로 내모는 것은 역사 연구의 올바른 태도가 아니기 때문에 '사상적 이데올로그'인 친일파와 '테크노크라트'로서의 대일 협력자를 구분하자는 제안이 제기되었다. 나아가 이광수, 윤치호와 같은 친일파 지식인들이 강압에 굴복하기까지 겪어야 했던 정신적 굴절을 공정하게 파악하려는 시도도 있다.[24] 그러나 협력 행위의 다양한 모습과 동기를 치밀하게 파헤치는 구체적 연구는 아직 많지 않다. 물론 협력자들의 행위는 비난받아 마땅하다. 비록 협력 행위가 민족의 생존을 위한다는 명분하에 이루어졌을지라도 궁극적으로는 민족을 억압하는 정책에 동조하는 결과를 야기했기 때문이다.

결론적으로, 식민지 사회가 저항과 협력이라는 이분법에 따라 말끔히 구분될 수 없는 복잡한 관계들을 내포하고 있었다는 사실은 확실하다. 비록 제국주의는 비난받을 만하지만 제국 자체에 대한 평가가 항상 비판적인 것은 아니다. 큰 틀에서 볼 때 헤게모니를 쥔 강대국의 존재가 지구 평화를 유지시키는 데 효과적이라는 주장도 있다. 일찍이

24　박지향, 『윤치호의 협력일기』(이숲, 2010); 김상태 편역, 『윤치호 일기: 한 지식인의 내면세계를 통해 본 식민지 시기』(역사비평사, 2001), 47면; Mark E. Caprio, "Loyal Patriot? Traitorous Collaborator? The Yun Chiho Diaries and the Question of National Loyalty," *Journal of Colonialism and Colonial History*, 7/3 (Winter 2006).

킨들버거(Charles Kindleberger)는 1930년대의 경제 공항을 설명하면서 제 1차 세계대전 후 영국이 더 이상 강력한 헤게모니를 발휘하지 못한 상황에서 미국이 그 후계자가 되려 하지 않았기 때문에 경제 공황이 유발되었다는 주장을 폈다. 그 후 주도적 패권국의 존재가 오히려 안정을 보장해 준다는 주장은 지속되어 왔다. 이런 입장을 표명하는 학자 가운데 최근에 가장 두각을 나타내고 있는 니얼 퍼거슨(Niall Ferguson)은 영제국의 예를 들어, 제국이 영제국과 같이 자유주의적이기만 하다면 제국의 존재와 통제는 바람직하다며 미국에게 오히려 제국의 임무를 제대로 인식하고 떠맡으라고 충고한다.[25]

　　제국 연구의 중요한 문제점 가운데 하나는 어떻게 해서 이 세상의 '그처럼 작은 부분이 그처럼 광대한 지역을 그처럼 오랫동안' 통제할 수 있었는지 이다. 이 문제는 아마도 현재의 권력관계와 국제 관계를 분석하는 데에도 도움을 줄 수 있을 것이다. 그것은 한 마디로 하드 파워와 소프트 파워가 함께 작용한 결과였다. 간디(Mahatma Gandhi)는 10만 명도 채 안 되는 영국인들이 3억 인도인들을 200년 가까이 지배할 수 있었던 이유는 인도인들이 '근대 문명의 유혹'에 넘어갔기 때문이라고 주장하였다.[26] 그러나 '식민지는 익으면 떨어지는 과일'과 같았

---

25 Charles Kindleberger, *World in Depression, 1929-1939* (Berkeley: California UP, 1973); Robert Gilpin, *War and Change in World Politics* (Cambridge: Cambridge UP, 1981); John Mearsheimer, *The Tragedy of Great Power Politics* (New York: Norton, 2001); Niall Ferguson, *Empire: The Rise and Demise of the British World Order and the Lessons for Global Power* (New York:　Basic Books, 2002), pp.358-362.
26 Bhikhu Parech, *Gandhi's Political Philosophy*(London: Macmillan, 1989), p.16; 박지향, "간디 다시 읽기: 근대문명 비판을 중심으로," 「역사비평」 66호(2004 봄) 참조.

다. 인도에 철도를 부설한 영국인들의 예가 보여 주듯이 제국주의자들은 지배를 위해 식민지 사회를 통일했지만 일단 통일이 이루어지면 지배는 불가능해 졌던 것이다.

거의 모든 식민 통치는 원칙과 실천 사이의 이상한 타협이었다. 제국은 불가피하게 많은 종류의 문화적 교류, 통합, 혼합, 또는 포스트 식민주의에서 말하는 '잡종성'을 낳았는데 일부 학자들은 그런 잡종성을 제국의 가장 중요하고 지속적인 유산으로 간주하기도 한다. 영제국의 경우를 특화해서 본다면 그 유산은 부분적으로는 긍정적이고 부분적으로는 부정적이며 나머지는 애매하다고 말할 수 있다. 다른 제국들의 경우에는 부정적 유산이 더 많았다고 결론지을 수 있을 것이다. 그처럼 사악하면서 '이익도 남지 않는 짓'을 하기 위해 엄청난 낭비가 있었음을 보여 줌으로써 제국주의는 우리에게 역사의 교훈으로 남아 있다.

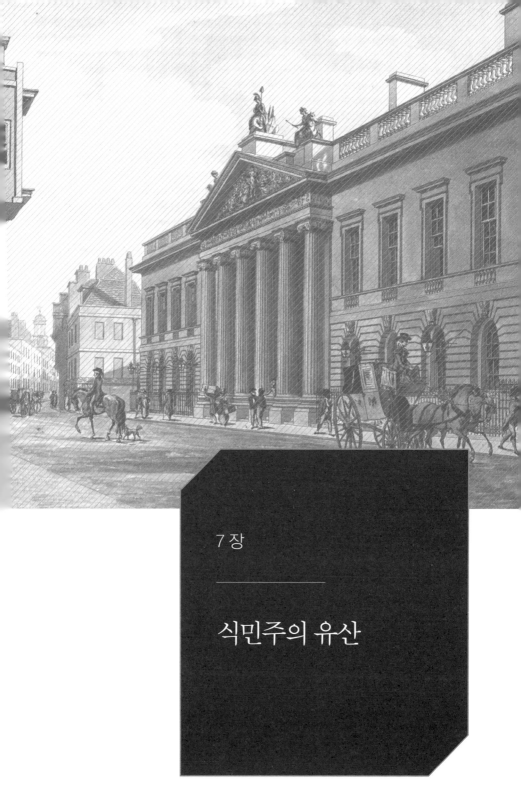

7장

식민주의 유산

제2차 세계대전 종결 후 유럽 제국들의 해체는 급속도로 진행되어 1960년대까지 100여 개의 독립국이 만들어졌다. 이것은 세계 정치체제가 경험해 본 것 중 가장 깊이 있는 변화들 가운데 하나다. 식민지를 독립시키는 과정에서 서양 제국들은 다양한 모습을 보였다. 프랑스는 베트남(1946-1954), 모로코(1952-1956), 알제리(1954-1962)를 대상으로 치열한 전쟁을 벌였으며, 포르투갈도 1970년대까지 아프리카 점령지에 집요하게 매달렸다. 이들과 달리 영국은 간혹 전쟁을 치렀지만 주로 합의에 의해 식민지들을 독립시켰다. 제국이 사라지기 시작한 지 반세기 이상 지난 오늘날에도 식민주의는 여전히 우리의 문화와 사회 관계, 국제 관계를 지배하고 있다. 2000년에 유엔에 속해 있는 188개국 가운데 3분의 2가 옛 유럽 제국 지역에 분포되어 있고 전 세계 인구의 5분의 3이 그곳에 살고 있었다. 인종 혼합의 도시가 된 런던과 파리

인도의 영국인

를 보면 잘 알 수 있듯이 과거 제국의 중심부에도 식민주의 유산이 남아 있다. 영국에서 활동하는 IT산업 종사자들 가운데 80% 이상이 인도 출신이라는 통계도 있다.[01] 이처럼 근대 이후 진행된 유럽 팽창주의는 아시아·아프리카의 역사만이 아니라 유럽의 역사도 심오하게 바꾸어 놓았다.

제6장에서 살펴보았듯이 한때 식민주의·제국주의 연구에서 경제적 측면이 과도할 정도로 관심의 대상이 된 적이 있었다. 특히 근대 식민주의는 자본주의와 맞물려 팽창했기 때문에 경제적 착취가 중

---

01 David Abernethy, *The Dynamics of Global Dominance: European Overseas Empires 1415-1980* (New Haven: Yale UP, 2000), pp.12-13; Cheryl McEwan, *Postcolonialism and Development* (New York: Routledge, 2009), pp.214-215.

심 주제가 되었고, 제국이 탈식민 사회에 미친 경제적 영향에 대한 논의가 활발히 진행되었다. 주로 남아메리카에서 진행된 '저발전의 진전(development of underdevelopment)' 논의가 그런 예다. 그러나 요즘엔 식민주의의 법적, 정치적, 제도적, 문화적 유산이 경제적 유산보다 더욱 중요하다는 인식이 커지고 있다. 독립 후 새로운 국가의 건설은 식민 지배자들의 국가 조직을 '넘겨받아' 그것을 '극복해야' 하는데, 그 맥락에서 식민주의의 정치적, 행정적 유산은 신생국가가 어떠한 모습을 띠게 될 것인지에 지대한 영향을 미치게 된다. 식민주의 지배하에서 이루어진 사회적, 정치적 재구성은 식민지 사회의 구성과 문화에 뚜렷한 자취를 남겨놓았고, 제국의 유산은 언어와 이념, 이상 등에도 남아 있다. 많은 신생국들에서 유럽어가 공식 언어로 사용되고 있고 법체계·행정체제·경제적 하부구조 등이 제국 시대의 그것을 그대로 본 따고 있다.

이 장에서는 제국이 식민지에 남긴 유산을 근대화라는 틀을 사용해 살펴본 후 특히 일본 제국이 우리 사회에 남긴 유산을 검토해 본다.

| 경제적 효과 |

제국주의의 가장 큰 명분이 소위 문명화의 사명이었음은 앞에서 살펴보았다. 과연 제국주의는 그 사명을 얼마나 달성하였나? 식민주

의를 비판하는 사람들은 식민주의가 남긴 경제적 유산 가운데 '탈산업화'를 가장 중요하게 언급한다. 예를 들어 영국이 고의로 인도의 토착 면직물 산업을 파괴했다는 주장과 같은 것이다. 실제로 수공업으로 생산되던 인도 직물업은 기계로 생산된 값싼 영국산 면제품이 몰려오자 철퇴를 맞았다. 1830년경에 이미 근대적 장비를 갖춘 영국 방적공의 생산성은 인도 수공업 노동자보다 300-400배나 높았다. 그러나 인도의 산업화를 지체시킨 보다 근본적인 요인을 찾는다면 그것은 인도 사회의 과잉 노동력의 존재와 노동에 대한 사회적, 문화적 관념이었다. 인도의 노동 공급은 무척 탄력적이었기 때문에 굳이 기술 변화를 추구할 필요가 없었으며, 인도인들에게는 인간의 노동을 기계로 대체하려는 의지도 없었다.[02]

유럽 식민주의의 긍정적 효과를 인정하는 학자들은 그것이 유럽의 기술, 문화, 제도를 나머지 세계에 널리 퍼뜨리는 수단이었으며, 비록 강제적으로 진행되긴 했지만 식민지 경제의 세계화와 자본주의로의 편입이야말로 그 결정적인 효과라고 주장한다. 세계화와 자본주의로의 전이는 경제성장의 지름길이기 때문에 식민지 사회는 독립국으로서 발전한 것보다 훨씬 더 빠르게 발전했으며, 결과적으로 식민주의는 지배자와 종속민 모두에게 이득이 되었다는 것이다. 영국 출신 역

---

02 David Landes, *The Wealth and Poverty of Nations* (New York: Little Brown, 1998), pp.224-230; K. N. Chaudhuri, "The Structure of the Indian Textile Industry in the Seventeenth and Eighteenth Centuries" in *Technology and European Overseas Enterprise*, ed. Michael Adas (Surrey: Variorum, 1996), p.179.

인도 철도 건설 현장

사학자인 니얼 퍼거슨(Niall Ferguson)은 영국 제국주의를 '영국식 지구화 (Anglobalization)'라는 독특한 개념으로 설명하는데, 그에 의하면 영국은 자유주의적 자본주의를 전 세계에 전파하고 전 지구적 시장을 개방함으로써 자유·민주주의·경제 발전·자유 시장의 가치를 전파하였다. 퍼거슨은 이보다 비용이 덜 들면서 효율적인 근대화의 방법은 없었다고 주장한다.[03] 이에 대하여 식민지의 경제성장이 촉진되었음을 인정하지만 동시에 성장의 결실이 매우 불균등하게 분배되었다는 비판이 있다. 그러나 그러한 불균등이 오로지 식민주의의 약탈과 수탈 때문이

---

03 Niall Ferguson, *Empire: The Rise and Demise of the British World Order and the Lessons for Global Power* (New York: Basic Books, 2002).

라고 주장하는 것은 옳지 못하다. 식민지가 되기 전의 생활수준이 식민지 지배하의 근대적 경제가 가져다 준 것보다 높았다고 믿는 것은 착각이라는 것이 대부분 연구자들의 결론이다.

　오늘날 다수 학자들은 서양 식민주의가 식민지 사회의 경제성장을 크게 저해하지 않았다고 결론짓는다. 그렇다고 경제성장을 촉진하지도 않았는데 그것은 무엇보다도 서양 제국들이 식민지에 큰 관심을 가지지 않았기 때문이었다. 영국과 프랑스는 모두 1930년대 이후에야 적극적으로 식민지 경제성장에 나섰는데 그 현상을 두고 누군가는 '죽기 직전에 하는 참회'와 같다고 꼬집기도 했다.[04] 한편 제국이 직·간접적으로 식민지에 물질적 이익을 제공한 것은 사실이다. 식민지 지배자들은 전형적으로 도로, 철도, 항만 시설, 상하수도 설비 등 사회 간접 자원을 확충하였다. 물론 그런 시설은 제국의 정치적 안정과 상업적 목적을 위한 것이기 때문에 식민지 주민들에게 돌아간 이익은 부수적이었다. 그러나 동기야 어찌되었든 그런 설비는 독립 후에도 식민지 사회에 남아 요긴하게 사용되었다. 제국은 종속국들을 세계경제에 통합시킴으로써 근대적 경제성장에 더 가까이 접근하게 만들었지만 동시에 세계시장의 변동과 위험에 노출시킨 것도 사실이다. 결국 제국주의가 종속국들에 미친 경제적 효과는 착취와 봉사의 복잡한 망이었다고 결론지을 수 있다. 아마도 도식적 원칙론자만이 식민주의는 전적으로 경제 발전을 저해했다거나, 반대로 경제성장을 촉진한 가장 중요한

04　David Fieldhouse, *The West and the Third World* (Oxford: Wiley-Blackwell, 1999), pp.76-77.

도구였다고 주장할 것이다. 실제의 역사는 그런 주장보다 훨씬 더 복잡하며 양극단 사이 어딘가에 위치하고 있었다.

최근에 영제국으로부터 독립한 지역과 다른 제국으로부터 독립한 나라들의 제도적 유산을 비교하는 흥미로운 연구들이 발표되었다. 특히 제도학파 학자들은 동일 문화권의 사람들이라도 각기 다른 제도를 받아들임에 따라 상이한 행동 방식을 가지게 된다는 사실을 강조한다. 예를 들어 남북 아메리카를 비교해 보면, 북아메리카는 1780년대에 독립했고 남아메리카는 1820년대에 독립했기에 시기적으로는 비슷하게 독립국으로 출발하였다. 그러나 오늘날 북아메리카와 남아메리카는 엄청난 부의 격차를 보여 주는데 그것은 이미 식민지 시기에 기반이 마련되어 있었다. 즉 영국이 북아메리카 식민지에 남겨준 제도는 다수에게 분배된 재산권과 민주주의를 핵심으로 하는 제도인 반면, 스페인은 소수에게 부와 권력을 집중시키는 모델을 남겼기 때문이다. 제도학자들은 오늘날의 남북 아메리카의 부의 격차를 가져온 것은 역사적으로 형성된 두 지역의 정치적·경제적 제도의 차이라고 주장한다.[05]

이들 연구에 따르면, 과거 영국 식민지였던 나라들은 다른 나라의 식민지였던 곳보다 경제적·정치적으로 높은 수준을 보인다. 즉 현재 영연방에 속해 있는 지역들이 민주적 통치와 인권 수준에서 다른 탈식

---

05 니얼 퍼거슨, 구세희·김정희 역, 『시빌라이제이션: 서양과 나머지 세계』(21세기북스, 2011); 대런 애쓰모글루 & 제임스 A. 로빈슨, 최완규 역, 『국가는 왜 실패하는가』(시공사, 2012).

민 국가들보다 확실히 더 높은 수준을 보인다. 경제적 측면에서도 영국의 식민지였던 곳들이 프랑스, 포르투갈, 스페인 식민지들보다 더욱 번영하며, 영국 식민지들은 독립국이었거나 다른 유럽국가의 식민지였을 때보다 영제국하에서 더 빠르게 발달한 것이 확실하다는 주장이다.[06] 특히 제도와 국가정책의 차이가 소득의 차이를 가져온다고 믿는 학자들은 과거 영국 식민지들과 경제성장의 연관성을 강조하면서, 영국으로부터 물려받은 경제적·정치적 제도와 문화가 경제성장을 촉진했다고 주장한다. 즉 과거 영국 식민지였던 곳들이 다른 지역보다 '재산권'이 더 잘 보장되어 있고, 더욱 발달한 '금융시장'을 가지고 있으며, 더 좋은 '정부'를 가지고 있기 때문에 경제적으로 더욱 번영한다는 것이다.[07] 그 근거는 영국의 보통법 전통인데, 보통법이 프랑스 민법보다 우월하기 때문이다. 실제로 1960-1992년에 보통법 전통을 가진 나라들이 민법 전통을 가진 나라들보다 더 빠른 경제성장을 보였으며 1인당 평균 실질소득의 성장이 훨씬 더 높았음은 사실로 밝혀졌다.[08]

금융의 역사에서도 동일한 결론이 도출되었다. 전 세계 102개국

---

06 스티븐 하우, 강유원·한동희 역, 『제국』(뿌리와이파리, 2007), 193면; Landes, *The Wealth and Poverty of Nations*, p.434; Fieldhouse, *The West and the Third World*.

07 Rafael La Porta, Florencio Lopez-de-Silanes, Andrei Shleifer & Robert W. Vishny, "Law and Finance," *Journal of Political Economy*, 106/6 (December 1998); Rafael La Porta, Florencio Lopez-de-Silanes, Andrei Shleifer & Robert W. Vishny, "The Quality of Government," *Journal of Law, Economics, and Organization*, 15/1 (April 1999). Daron Acemoglu, Simon Johnson & James A. Robinson, "The Colonial Origins of Comparative Development: An Empirical Investigation," *The American Economic Review*, 91/5 (December 2001), p.1372에서 재인용.

08 Paul Mahoney, "The Common Law and Economic Growth," *Journal of Legal Studies*, 30/2 (June 2001).

을 보통법 체계와 민법 체계로 나누어 조사해 보니 38개국이 보통법 체제, 64개국이 민법 체제를 갖추고 있었는데, 보통법에 근거를 둔 법 제도를 가진 나라의 금융시장이 민법 체계를 가진 나라들보다 더욱 발전했음이 밝혀졌다. 금융시장의 성장에는 채무자와 소액주주들을 보호하는 법적 지배가 매우 중요한데 보통법 전통에서 유래한 법적 제도를 가진 나라들이 투자자를 보호하는 데 더 낫기 때문이다. 보통법이 제도화된 나라에서는 정부가 제한적이고 경제에 간섭하지 않아 경제가 정치의 통제를 받지 않는다. 반대로 프랑스식의 민법 체제를 받아들인 나라들에서는 매우 높은 수준의 공권력의 개입을 볼 수 있었다. 18세기 이래 프랑스의 지적 전통은, 루소(Jean Jacques Rousseau)의 주장에서 보듯, 소유를 공격하고 경제적 간섭과 재분배를 '일반의지'의 활동으로 간주하면서 국가의 더 큰 역할을 인정하고 민간의 자율적 경제 활동에 제동을 가했다.[09]

| 이념적 · 제도적 유산 |

근대화라는 맥락에서 종종 식민주의는 '덜 사악한 악마'로 변호되기도 한다. 즉 식민주의는 토착 정부의 실정(失政)이나 무정부 상태보다 덜 나쁜 것이라는 주장이다. 식민주의의 긍정적 유산을 강조하는

---

09 Paul Majoney, "The Commom Law and Ecanomic Growth."

사람들은 식민지 통치자들이 토착 지배자보다 더 효율적인 정부를 운영할 수 있었고 제국을 경영한 관리들은 공정성과 청렴과 같은 특정한 윤리적 가치관을 지키려 했기 때문에 토착 지배자보다 더 나은 통치자였다고 말한다. 물론 한때 버마 경찰로 근무했던 소설가 조지 오웰(George Orwell)은 1920년대의 식민지 관료들을 타락한 존재로 묘사했지만 그들은 대체로 '강하면서 동시에 선(善)'하고 싶은 욕망을 가진 사람들이었다.[10]

영제국의 권력은 프랑스 제국이나 일본 제국보다 훨씬 덜 강압적이었다. 영제국이 법치주의나 민주주의의 확립에서 다른 제국들보다 나은 업적을 보였으며 다른 제국들보다 덜 사악하다는 평가를 받은 것은 사실이다. 특히 에이미 추아도 최근 저작에서 역사상 존재했던 제국들의 성공을 '관용'에서 찾고 있는데 근대 식민 제국 가운데 가장 관용적인 제국은 영제국이었다.[11] 그러나 오만한 권력 의식과 우월감, 인종주의에서는 영제국도 크게 다르지 않았다. 그들이 떠맡은 문명화의 사명도 기대한 만큼 진척되지 않았다. 19세기 말 인도에서 영어가 아닌 지방어로 글을 깨우친 사람들을 포함해서도 문자 해독률은 10%에 머물렀다. 그럼에도 소수지만 근대적 교육을 받은 사람들이 나타났다는 사실이 중요하다. 비록 수에 있어서는 턱없이 부족했지만 그들이 궁극적으로 민족주의 운동을 이끌게 되었다.

10   Rajik Nigam, *Memoirs of old Mandarins of India* (New Delhi: Documentation Centre for Corporate & Business Policy Research, 1985), p.298.
11   에이미 추아, 이순희 역, 『제국의 미래』(비아북, 2008).

영국에게 가장 중요한 식민지였기에 '왕관에 박힌 보석'이라 불린 인도는 왕국과 공국과 부족들이 서로 전쟁을 벌이며 혼란스럽게 뒤섞였지만 영국의 지배로 인해 하나로 통일하여 공통의 민족의식을 가지고 어느 정도 하나의 정치 단위로 기능하는 국가가 되었다. 영국은 인도에서 사법제도의 초석을 놓았으며 행정 조직을 창건했고 통합에 극히 중요한 철도망을 건설했다. 독립 후 인도는 영국에서 구현된 형태의 서구식 민주주의를 정부 형태로 받아 들였다. 영어는 아직도 공용어로 쓰이고 있으며 힌디어, 타밀어 등 서로 다른 언어를 사용하는 인도 아대륙의 수많은 사람들이 서로 의사소통을 하는 중립적 언어로 사용된다.

법치와 민주주의의 정착 여부도 식민주의의 제도적 유산으로 매우 중요하다. 19세기 초에 인도 마드라스 총독을 역임한 윌리엄 벤팅크(William Bentinck)는 '현명한 법의 공정한 집행보다 더 강력한 문명화의 도구는 없다'고 일갈하였다. 실제로 식민 지배가 남긴 근대적 사법체제는 전통 사회 엘리트가 누리던 초법적인 권위를 헌법상의 통제 안으로 끌어들였는데 이것은 식민지 사회의 변화에 대단히 중요한 원동력이 되었다. 앞서 살펴보았듯이 영국의 보통법 체제는 식민 사회에서 안정된 투자를 보장하여 금융시장의 활성화를 가져오고 궁극적으로 경제성장에 이바지하였다. 최근에는 아시아·아프리카의 많은 탈식민 국가에서 민주주의가 성공하지 못한다는 사실이 지적되면서 그런 실패가 식민주의가 남긴 부정적 유산 때문인지를 살펴보려는 시도가 눈에 띤다. 이 주장에 의하면 식민 제국으로부터 독립한 나라들이 민주주의 정착에 실패하는 이유는 식민 지배하에서 사회적 분열이 일어나고 국가가 강해진 반면 시민사회는 약해졌기 때문이다. 그러나 민주주의 발달의 발목을 잡는 요인들은 식민 지배의 유산만이 아니라 식민지 이전 사회의 유산이기도 하다.

영제국에 속했던 지역에서 민주주의가 성공한 예는 적지 않다. 최근 연구들은 영제국은 다른 식민 제국과 달리 식민지 사회의 민주주의를 촉진한 효과가 있었음을 밝힌다. 즉 더 오랫동안 영제국에 속해 있던 곳에서 민주주의가 더 많이 발전한다는 것이다. 예를 들어 인도는 영국의 지배로부터 두 개의 중요한 제도적 유산을 물려받았는데 하나는 의회주의이고 다른 하나는 군대가 정치에 간섭하면 안 된다는 원칙이다. 영제국과 달리 프랑스 식민주의의 유산은 민주주의에 이롭지 않으며 경제 발전과 사회적 분열에서 부정적 효과를 가진다고 평가된다.[12] 애쓰모글루(Daron Acemoglu) 등은 최근 연구에서 부패와 연결하여 이 문제에 접근하는데, 영국 지배하에 있던 나라들이 다른 제국의 식민지였던 곳보다 확실히 덜 부패했다고 주장한다. 영국인들이 심어준 법 문화가 법 집행의 엄정함과 절차상의 정의를 뚜렷하게 강조하기 때문이라는 것이다.[13]

---

12 Michael Bernhard, Christopher Reenock & Timothy Nordstrom, "The Legacy of Western Overseas Colonialism on Democratic Survival," *International Studies Quarterly*, 48 (2004), pp.245-246; Fieldhouse, *The West and the Third World*, p.300.

13 Acemoglu, Johnson & Robinson, "The Colonial Origins of Comparative Development," 1395. 그 외 Daniel Treisman, "The Causes of Corruption: A Cross-national Study," *Journal of Public*

식민지 시기에 설립된 제도와 더불어 그들이 훈련시킨 인적 자원도 민주주의에 직접적인 영향을 미쳤다. 교육을 통한 인적 자원이 제도 못지않게 민주주의 발달에 중요했는데 여기서도 영제국의 역할이 강조된다. 식민지 지배에서는 때로 의도하지도 기대하지도 않았던 뜻밖의 결과가 나타나기도 하는데, 교육이야말로 문명화의 사명이 야기한 역설적 결과였다. 특히 선교사들의 역할이 중요한데 기독교는 글을 깨우치는 데, 특히 여성들이 글을 깨우치는 데 긍정적 효과를 미침으로써 궁극적으로는 민주주의에 기여하였다. 인도의 경우, 19세기 후반이 되면 교육의 확대가 사회 하층민들에게도 사회의식을 강화시키고 사회개혁 운동을 자극하였다. 식민지 사회 주민들은 교육을 통해 제국주의적 지배에 저항하는 법을 배웠던 것이다. 기독교와 서구식 교육을 통해 식민지 사회를 재구성하려 한 제국주의자들의 의지는 오히려 서구식 교육을 받은 민족주의자들을 양성하여 그들이 전통 엘리트를 대체하는 결과를 야기하였다.[14]

이처럼 최근 연구들 가운데 영제국이 식민지 사회에 남긴 긍정적 유산에 대한 지적이 많이 눈에 띤다. 영국인들 역시 자신들의 성취(?)에 자부심을 느꼈고 자신들을 다른 제국들과 구분하였다. 1980년대에 마거릿 대처(Margaret Thatcher) 총리는 영연방 수상들에게 그들이 영

Economist, 76/3 (2000); 애쓰모글루 & 로빈슨, 『국가는 왜 실패하는가?』, 7-8장 참조.

14 Tomila Lankina & Lullit Getachew, "Mission or Empire, Word or Sword? The Human Capital Legacy in Postcolonial Democratic Development," *American Journal of Political Science*, 56/2 (April 2012), pp.473-476; 마르크 페로, 고선일 역, 〈식민주의, 식민화의 이면〉, 마르크 페로 편, 『식민주의 흑서』(소나무, 2008), 27-28면.

국에 의해 통치되었다는 사실이 얼마나 다행인지를 환기시키곤 했다. 1920년대 버마에서 제국 정부의 경찰로 복무했던 오웰은 제국주의를 혐오했지만 영제국이 다른 어떤 제국보다도 낫다고 인정했다. 도덕적 측면에서 프랑스, 독일, 포르투갈, 네덜란드 식민 제국보다 훨씬 우월하다는 판단이었다. 탈식민 과정에서도 영국은 다른 나라들보다 점잖은 모습을 보였다. 따라서 어떤 제국주의 국가는 다른 나라보다 나은 지배자였고 그들의 식민지는 독립 후에 다른 지역보다 더 낫게 발전했다는 기준으로 판단한다면 영국은 확실히 '가장 덜 나쁜' 제국이었다. 이 때문에 만약 누군가의 식민지가 되어야만 한다면 영국의 식민지가 되는 것이 제일 낫다는 말이 생겨났다. 그러나 영제국이 도덕적으로 자신들이 주장한 바에 훨씬 못 미쳤음은 분명하다. 그들의 식민주의적 선민의식은 처음에는 막강한 경제력과 합리적인 정치제도, 법체계에 근거했지만 19세기 후반 이후에는 인종차별적인 성격으로 변해갔다.

| 일본의 조선 침략과 동화정책 |

일본은 1880년대 이후 진행된 제국주의 시대에 서양 열강들과 나란히 제국주의 국가가 된 유일한 아시아 국가다. 그것은 일본이 메이지유신 이후 발 빠르게 서양을 모방하여 근대화에 성공했기 때문이었다. 메이지유신 이후 일본 지도자들은 '서양 따라 하기'에 몰두하였다. 서양에 대한 열정이 최고에 달했을 때 모리 아리노리와 이토 히로부미와 같은 지도자들은 일본어를 영어로 대체할 것, 그리고 기독교로 개종하도록 천황을 설득할 것을 심각하게 고려할 정도였다. 일본은 근대성을 산업화·과학기술적 지식·민주주의에서 찾았는데 청일전쟁을 겪으면서 제국을 첨가하였다. 서양식의 근대국가를 형성하기 시작한 일본에게 성공적인 근대국가의 표본은 영국, 프랑스 등 강력한 제국이었다. 일본인들은 제국주의를 일종의 세계관으로 받아들이고 식민지를 갖지 못한 국가는 결과적으로 소멸할 것이라고 확신하였다.

이처럼 일본의 제국적 팽창 초기에는 서양에 대한 강한 흠모와 모방이 중요하게 작용하였다. 일본은 스스로를 '동아시아의 영국'이라 부르며 유럽에서 영국이 행한 의무를 자신들은 아시아에서 담당해야 한다고 주장하였다. 여기서 드러나듯이 일본인은 서양인을 우월한 인종으로 바라보았고 그들의 존재 앞에서 위축되었다. 일본인들은 '열등한 아시아'라는 의식에 괴로워하면서 동시에 '아시아를 깔보는' 우월감을 느끼는 이율배반적인 성향을 보였다. 여기서 탈아입구(脫亞入歐)론이 나왔으며, 일본인들은 스스로를 대표할 수 없는 아시아를 대신하여 그들을 대표해야 한다는 도착된 자부심으로 문명화의 사명감을 강조했다. 그러나 서양인들의 인종차별과 거리 두기를 깨닫게 되면서 일본인들은 20세기 들어 탈아입구로부터 '입아탈구(入亞脫歐)'로 반전을 꾀하게 되고 궁극적으로는 미국과의 전쟁에 뛰어들게 되었다.

메이지 정부의 과제 중 하나는 불안정한 극동 정세 가운데에서 확실한 국방 전략을 세우는 것이었다. 야마가타 아리토모의 『외교정략론』(1890)은 주권선을 수호하고 이익선을 방위하여 요충지를 잃지 않는 것이 일본의 전략임을 명시하고, '이익선의 초점은 바로 조선에 있다'는 지정학적 전략을 주장하였다. 당시 조선은 아직 청나라를 종주국으로 모시고 있었는데 청나라가 계속해서 약체화되고 있는 상황에서 머지않아 조선이 구미열강, 특히 러시아에게 정복될 가능성이 높다는 것이 일본 지도자들의 판단이었으며, 그런 판단은 조선 병합으로 이어졌다.

일본은 조선을 병합하면서 천황 조서에서 '완전히 그리고 영구히' 지배할 것을 천명했고 식민 통치의 기본 방침으로 일본의 문화와 법을 강제하는 동화주의를 택하였다. 그 이유는 첫째, 일본과 조선은 동종동문(同種同文)이기 때문에 제도와 관습이 이식될 수 있다는 것이고, 둘째로는 일본과 조선의 문화 차이가 너무 크기 때문에 강제적 동화만이 조선의 문화 수준을 일본에 맞춰 끌어올릴 수 있다는 이유였다. 병합 후 조선총독부는 민법·상법·형법·민사 소송법·형사 소송법에서 일본법을 거의 그대로 적용했으며 일본의 문화와 가치를 강제하였다. 태평양전쟁이 끝난 후 동경대학 총장을 지낸 야나이하라 다다오는 1920년대에 '양복을 입고 영어를 말하고 영문학을 공부한다고 해서 인도인이 영국인이 되지는 않았다'며 동화정책을 비판했지만 일제 통치가 끝날 때까지 동화정책은 변하지 않았다.

황국신민화 정책

일제 동화정책의 결정적 약점은 제도적 측면에서 제국의 통합을 강조하고 실현한다면서도 시민적 권리와 정치적 권리를 식민지에 확장하려는 의지는 결코 없었다는 사실이었다. 일제는 1938년부터 조선과 타이완에서 지원병을 모집하다가 1942년에는 징병제 실시를 발표했으며 1944년 9월부터 징집을 실시하였다. 징병제를 계기로 일제는 조선인의 '황국신민화' 작업이 충분히 진전되었다는 점을 공식적으로 인정해야 했지만, 역으로 조선인에게 참정권을 부여해야 하는 부담을 안게 되었다. 그러나 궁극적으로 일제의 동화주의는 권리가 수반되지 않는 의무만을 부과한 뒤 종료되었다.[15] 결국 동화정책은 물질적 동화, 즉 일본 음식을 먹고 일본 말을 하고 일본식 집에서 살고 일본식 옷을 입는 등의 기계적 수준에 그치고 말았다.

조선총독부는 일본 내각에서 벗어나 있었다. 그 말은, 총독은 천황이 직접 임명하고 천황에게만 책임진다는 뜻이었다. 조선의 역대 총독 8명 가운데 사이토 해군 대장을 제외한 7명이 모두 육군 출신이었다. 1919년 이후에는 민간인이 조선 총독이 될 수 있었지만 한 번도 그런 적은 없었다. 조선 총독은 막대한 행정적·사법적·입법적 권력을 가지고 있어서 본국의 어느 고급 관리보다 강력한 권력을 행사할 수 있었다. 총독부의 중앙 및 지방 행정기구에는 많은 조선인들이 채용되어 있었다. 1915년 총독부 관계 직원 수는 총 30,081명인데 이중 조선인은 12,839명이었다. 지방군수급 이상인 고등관─고등관 총수는 1,079명─의 경우에도 353명이 있었다. 그러나 조선인 관리의 업무는 대민 관계가 대부분이었고 중앙 부서와 경찰, 헌병대에서는 거의 찾아볼 수 없었다. 1913-1942년에 조선인이 차지한 비율은 평균 41.1%이었는데, 고위직일수록 일본인의 비중이 높았고 하위직으로 내려갈수록 조선인의 비율이 높았다. 1930년대 중반 이후 조선총독부에 조선인 직원 수가 빠르게 증가했다. 면직원 등을 합하면 대략 10만 명에 가까운 조선인이 식민지 말기에 공무원으로 고용되어 있었다.[16]

---

15 태평양전쟁 종전 당시 일본 육군에는 20만, 해군에는 2만 명의 조선인이 복무하고 있었다. 이철우, 〈일제하 법치와 권력〉, 박지향 외, 『해방전후사의 재인식』, 1권(책세상, 2006), 164면.

16 국사편찬위원회, 『한국사』, 47권, 104면; 김재호, 〈정부고용의 장기적 변화, 1910-2013면: 공무원의 규모와 구성〉, 『경제사학』 제61호(2016.8), 241-242면; 김운태, 『일본제국주의의 한국통치』(박영사, 2002), 242-243면.

식민지 조선에 거주한 일본인은 가장 많을 때 75만여 명으로 전체 인구의 2.7% 정도였다. 다른 식민지와 비교해 본다면, 인도는 1930년대 중반에 인구가 3억 4천만 명에 이르렀지만 그곳에 거주한 영국인의 인구는 1만 2천명(0.0035%)에 불과했다. 그것은 영국의 인도 통치가 간접 통치의 형태를 띠었기 때문이다. 일제는 협력자를 찾지 않으려 했기 때문에, 혹은 찾기 힘들었기 때문에 더 직접적인 통치를 할 수 밖에 없었다. 일본인 관리들은 식민지기 초에는 모험가, 한량, 착취를 일삼는 사람들이 주류였으나 식민 지배가 공고해지면서 정화되어 중위권 이상의 관리들은 대개 일본 제국대학 출신들로 시험을 통해 임용되었다.

| 일제가 남긴 경제적·법적·문화적 유산 |

식민지기에 관한 인식에서 가장 곤혹스러운 문제가 바로 경제 영역이다. 우리 학계에서 일제시대 경제사 연구는 민족주의적 입장과 수량적 사실을 중시하는 입장 사이에 극단으로 갈린다. 수량적으로 식민지기 경제를 분석한 최근 연구에 의하면, 1912-1939년 실질 GDP는 연 3.6%, 민간 소비는 연 3.3% 증가했다. 이 기간 중 인구가 42% 증가했으므로 1인당 소득은 연 2.3% 증가한 셈이다. 다른 나라들과 비교해 보면, 1913-1950년에 세계 각국의 1인당 평균 소득이 연

0.9% 성장했고 일본을 제외한 아시아는 오히려 마이너스 0.02%라는 사실을 염두에 두면 1인당 소득 성장률 2.3%는 결코 낮은 것이 아니었다.

일제시대 공업 성장률은 9%를 기록하여 공업 부문이 특히 발달했음을 알 수 있다.[17] 그러나 총독부가 처음부터 조선의 공업에 관심을 둔 것은 아니었다. 1920년 이후 1930년대 중반까지 조선의 산업 정책은 산미 증식 계획 중심이었고 공업화 정책은 소극적이고 보잘 것 없었다. 산미 증식 계획은 1920년부터 추진되었다. 제1차 세계대전을 맞아 일본 자본주의는 전례 없는 호황을 누렸는데 서유럽의 제국주의 국가들이 동아시아에서 철수한 사이 그 공백을 메꾸면서 크게 발전하였다. 공업 생산이 증가하고 경공업에서 중공업으로 바뀌어 갔으며 도시 인구도 늘었다. 자연 도시민들의 식량이 부족해지자 조선을 통한 식량 개발에 눈길을 돌리게 되었다. 조선총독부는 관개 면적을 1만 헥타르에서 16만 헥타르로 확대하고 화학비료 사용량을 1920년 헥타르 당 1.5kg에서 1940년 208kg으로 크게 늘리는 정책을 추진하였다. 이러한 집중적 투자 덕분에 농업 생산이 빨리 증가했는데 주로 다수확 벼 품종의 과학적 선택과 화학비료의 투입 덕분이었다.[18]

그러나 1930년대에 뉴욕 월가를 덮친 세계적 경제공황의 일환으로 일본에도 경제공황이 찾아오면서 쌀값이 떨어지고 일본 농업과의

17 김낙년, 〈식민지 시기의 공업화 재론〉, 『해방전후사의 재인식』, 1권, 195면; 주익종, 〈식민지 시기의 생활수준〉, 『해방전후사의 재인식』, 1권, 111면.
18 황쭝즈, 구범진 역, 『중국의 감춰진 농업혁명』(진인진, 2016), 24-25면.

산미 증식 계획

마찰이 심해지자 조선의 중농정책은 한계에 부딪히게 되었다. 그러나 이때에도 공업 진흥에 대한 뚜렷한 정책은 보이지 않았다. 다만 1920년 대부터 값싸고 풍부한 원료와 노동력, 시장을 찾아 일본의 대자본이 조선으로 진출하기 시작하였다. 1926년에 일본 질소비료가 조선에 진출하여 조선 질소비료 주식회사를 건립하고 1929년에는 흥남공장이 완공되었다. 1925-1929년에 대략 14개의 대규모 자본이 조선에 공장을 건설하였다. 그러나 조선의 공업 진흥이 제국 전체의 정책 속에 자리 잡게 되는 것은 1936년에 이르러서였다.

조선총독부의 지배 정책에서 시종일관 가장 중요한 사업은 철도의 부설이었다. 철도 건설은 산미 증식 계획과 함께 총독부의 양대 산업 정책이었다. 일본 정치 지도자들과 군부는 조선 지배와 대륙 진출을 위한 간선으로서 경부 철도의 부설을 애국적 국책 사업으로 선전하면서 민간 자본을 대대적으로 동원하였다. 교통의 요지에는 일본인이 주도하는 도시가 새롭게 만들어졌는데 경부선과 호남선이 교차하는 대전이 대표적 예다. 충청남도 회덕군 산내면 대전리의 조용한 마을은 1916년에 1,458호를 가진 대도시로 발전했는데 그 가운데 1,080호에 일본인이 살았다.[19]

앞서 살핀 바와 같이 태평양전쟁이 발발하기 전까지 조선의 1인당 소득은 연 2.3% 증가하였다. 이처럼 1인당 소득이 증가하는 가운데 조선인의 소득과 소비지출은 어떻게 변화했을까? 이 문제에 대해 학자들의 의견이 극명하게 갈리는데, 민족주의 입장의 학자들은 그런 증가가 조선인들에게 아무 소용이 없었다고 주장한다. 즉 조선 내에서 경제성장이 이루어졌다는 사실을 인정한다 할지라도 그 이익을 전부 일본인들이 차지했다는 것이다. 그러나 계량적 수치를 기준으로 한 최근 연구는 한반도 총 거주민들의 평균 소득이 증가하는 가운데 조선인 1인당 소득도 증가한 것이 확실하다고 결론 내린다. 물론 모든 조선인에게 혜택이 돌아간 것은 아니고 부문에 따라 효과는 달랐다. 즉 중농 이상의 자영업주 층과 근대적 부문의 숙련 노동자의 소득은 상승했으나 농촌과 도시의 비숙련 노동자들의 임금은 정체하였다. 이처럼 계층 간 소득 분배가 악화되고 비숙련 노동자들은 경제성장의 효과를 제대

---

19 이영훈, 『한국경제사 II 근대의 이식과 전통의 탈바꿈』(일조각, 2016), 120-121면.

로 누리지 못했지만 그들의 생활수준이 악화된 것은 아니고 정체 상태였다고 보아야 한다.[20]

한편 일제시대 법의 적용에 대해 살펴보면, 앞서 언급되었듯이 동화정책으로 일본의 법이 거의 그대로 조선에 이식되었고 조선인들은 처음으로 근대적 법제도를 경험하게 되었다. 그것은 사람들의 삶이 법과 국가 권력에 전반적으로 복속하게 되었음을 의미한다. 과거에는 국가의 관심 밖에 있으면서 규제를 받지 않던 생활 영역들이 국가의 법적 규제 속으로 들어왔다. 한마디로 근대적 법체제가 성립되었던 것이다. 조선인들의 법에 대한 인식도 급격히 늘어 일제시대의 소송 빈도는 조선시대는 물론 1950-1960년대보다 높았다.[21] 대중의 일상적 삶을 살펴보면, 그들은 한편으로는 근대성이 가져다준 해방감과 활기를 만끽하면서도 다른 한편으로는 주체가 되지 못한 식민지인으로서의 무기력과 절망을 동시에 품고 있었다.

1912-1939년에 조선 내 인구는 42.2% 증가했다. 이때 많은 사람들이 해외로 빠져나간 것을 생각하면 인구의 실제 증가는 가히 폭발적이었다고 할 수 있다. 조선시대에는 높은 출생률과 높은 사망률이 서로 상쇄하여 인구가 안정 상태에 있었는데, 일제시대에 사망률이 저하되면서 인구가 급속히 증가했다. 그것은 공중보건 의료의 개선, 즉 청소와 공중위생의 개선, 전염병 통제 강화의 결과였다. 학교교육은 식

20　주익종, 〈식민지 시기의 생활수준〉, 121-124, 142면.
21　이철우, 〈일제하 법치와 권력〉, 153-183면.

민지 시기에 가장 뚜렷한 개선을 보인 지표 가운데 하나였다. 총독부의 교육정책은 '충량한 국민의 육성'을 기본 목표로 했으며 초등교육기관인 보통학교를 가장 중시하였다. 서구식 근대 교육은 처음에는 조선인들 사이에 별 호응을 얻지 못했지만 점차 그 중요성이 인식되었다. 1910년대 초에 2%에 불과하던 조선인의 보통학교 취학률은 1932년에 15.8%로, 1943년에는 무려 61.1%에 달하였다. 일본어를 읽고 쓸 수 있는 한국인은 1930년에는 8.6%, 1940년에는 16%였다. 교육기관의 부족으로 많은 학생들이 일본으로 유학을 떠나게 되었는데 1945년 이전 해외 유학을 경험한 인사 1,034명 가운데 893명(86%)이 일본 유학생이었다.[22]

이처럼 수량적 지표로만 보면 일제시대의 지표는 거의 모든 면에서 상승을 보인다. 따라서 그에 대한 해석을 두고 민족주의 성향의 학자들과 수량 경제사를 전공하는 학자들 사이에 논란이 있어왔다. 전자는 지표상의 상승은 소위 식민지 근대화론을 지지해줄 뿐이라고 반발한다. 반면 후자는 일본 제국주의를 사실에 입각하여 객관적으로 접근해야 한다고 주장한다. 일제의 수탈과 그로 인해 한국인이 입은 피해를 잊어서는 안 되지만 '경제성장이 있으면 뭐 하나 일본인이 다 차지했는데' 라는 식의 근거 없는 주장을 언제까지나 되풀이할 수는 없다는 것이다.[23] 일제시대 경제적 성장이 있었음을 인정한다 해도 가장 큰

---

22 이영훈, 『한국경제사 Ⅱ』, 214-218; 주익종, 〈식민지 시기의 생활수준〉, 125-126, 139면.
23 주익종, 〈식민지 시기의 생활수준〉, 143-144면.

문제점은 조선 경제가 일본 경제에 완전히 종속되어 있었다는 사실이다. 수입의 73.2%와 수출의 88.5%가 일본과 이루어졌고 그런 상황은 해방 후 경제 운영에 중대한 차질을 가져왔다.

한국을 '개발 국가'로 보는 에커트(Carter Eckert) 등은 1960년대 이후 한국이 보여 준 급격한 경제성장의 근간이 일제시대에 이루어졌다고 주장한다. 이것은 한국의 경제 발전을 개발 국가가 이룬 업적으로 판단하고 그 역사를 일제 강점기로 거슬러 올라가는 입장인데, 이런 주장은 식민지 시기 공업화를 주로 총독부가 주도한 산업 정책의 산물로 보기 때문이다. 그러나 앞서 설명되었듯이 일제가 조선의 공업화에 관심을 기울이게 된 것은 1930년대 후반 이후이다. 따라서 최근 국내 학자들은 일제시대를 개발 국가의 틀로 보기보다는 시장경제의 점진적 터전이 마련되었기 때문으로 해석하는 입장이다.

어찌되었든 일제시대에 생성된 근대적 경제체제와 법 제도, 그리고 인적 자본이 대한민국의 경제 발전에 매우 중요했음은 확실하다. 철도나 도로 등 사회간접자본은 해방 후에도 유용하게 사용되었다. 훗날의 경제 발전의 원동력이라는 차원에서는 특히 인적 자본이 중요한데, 1920년대 이후 전통 사회의 보부상을 대신하여 고정적인 점포를 소유하게 된 상인의 수가 부쩍 증가하여 1939년에는 그 수가 39만 6천 명이나 되었다. 오늘날 한국을 대표하는 기업을 창립한 이병철, 구인회, 정주영 등이 포함된다. 합병 초기에 100개에도 미치지 못했던 조선인 소유 공장 수도 급격히 늘어 1939년 조선인으로 5인 이상 종업원을 둔 공장을 경영하는 사람은 4,000명에 달했다. 공장 노동자 수도 같은 시기에 15,000명에서 30만 명으로 증가하였다. 다만 조선인이 획득한 기술은 저급한 수준에 그쳤다.[24]

식민주의·제국주의는 분명 유럽의 과장된 욕심으로부터 기인하였다. 식민주의에 대한 평가는 입장에 따라 달라질 수밖에 없다. 식민주의의 긍정적 효과를 강조하는 학자들은 식민주의하에서 물질적 수준의 향상과 근대적 법과 제도의 정착이라는 중요한 성과가 있었다고 주장한다. 반면 부정적 결과를 강조하는 입장에서는 식민주의가 중심부의 문명을 식민지 주민들에게 부과하려 시도하고 인종·기원·종교를 근거로 식민지인들을 차별한 것을 강도 높게 비판한다. 우리의 경우, 1910-1940년에 세계 자본주의가 침체와 위기를 겪는 동안 조선은 상대적으로 높은 경제성장률을 보였고 산업 구조도 근대화하였다. 동시에 일본 식민 권력은 한편으로 근대적 법치를 확립하면서 다른 한편으로는 사회의 자연권을 억압하고 왜곡하는 부당한 폭력체로 기능하였다. 식민지 사회에는 독립과 더불어 모든 악이 사라지리라는 기대가 있었지만 그것은 환상에 불과했다. 오히려 많은 탈식민 사회에서 식민 지배하에서보다 더욱 사악한 체제가 나타나기도 했는데, 그러한 결과는 일정 부분 식민주의의 책임이지만 전적으로 그 책임으로만 돌리는 것은 옳지 못하다. 신생국가는 식민지 시대의 유산과 더불어 식민지

---

24 김낙년, 〈식민지 시기의 공업화 재론〉, 201-203, 224-225면; 이영훈, 『대한민국 이야기』(기파랑, 2007), 177-178면; 이영훈, 『한국경제사 II』, 165-167면.

이전 시대의 유산도 물려받았기 때문이다.

제국주의로 인해 역사적으로 지리적으로 따로 떨어져 있던 사람들이 서로 접촉하게 되고 지속적인 관계를 성립하게 됨으로써 두 세계 사이의 거리가 좁아진 것도 사실이다. 그 관계는 보통은 강제와 불평등과 심각한 갈등을 포함하지만 반드시 그것만이 전부는 아니었다. 따라서 많은 학자들은 제국주의와 자본주의를 통한 근대화는 불균등하지만 장기적으로는 긍정적이고 근대적인 발달을 가져왔다고 결론짓는다.[25] 그렇지만 식민주의는 궁극적으로 인간의 존엄성을 훼손하는 체제였고 피지배민들에게 열등의식을 심어주었으며 자신의 능력을 회의하게 만드는 중대한 누를 끼쳤다. 이 점에서 식민주의는 강하게 비난받아 마땅하다. 친일파로 간주되는 윤치호조차 일제의 민족 차별에 치를 떨었다. 이처럼 물질적 전진과 심리적, 정서적 불만이 공존했던 것이 식민지 사회였다.

"과거는 결코 죽지 않는다. 심지어 아직 끝나지도 않았다"는 경구는 식민주의를 이해하는 데 매우 적절한 말이다.[26] 특히 우리 사회에는 강한 민족주의적 정서가 여전히 일제시대에 관한 연구의 바탕에 깔려 있다. 제국이나 제국주의에 대하여 서술할 때 선입견과 편견을 깨뜨리려는 노력은 때로 개인적 희생을 요구할 수 있고 실제로 그런 사례를 우리 사회에서도 보게 된다. 그러나 식민지기를 보다 정확하게 파악하

---

25 Barbara Bush, *Imperialism and Postcolonialism* (New York: Pearson Longman, 2006), p.94.
26 마리 푸르카드, 〈인도의 영국인, 1959-1947, 또는 '냉소주의' 시대〉, 『식민주의 흑서』, 상권, 518면.

기 위해서는 민족주의적 정서를 앞세울 것이 아니라 객관적이고 냉정한 연구 자세가 필요하다는 사실을 잊어서는 안 되겠다.

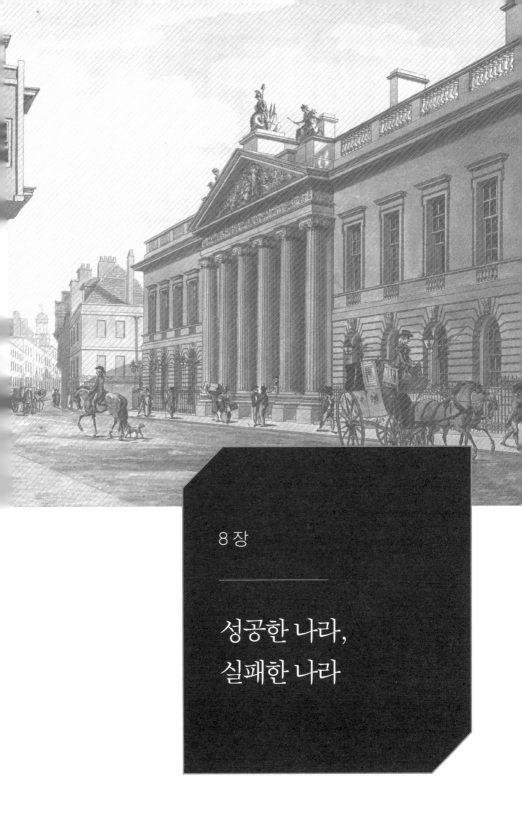

8 장

성공한 나라,
실패한 나라

이상 유럽이 지난 500년간 세상을 제패한 과정과 원인을 살펴
보았다. 마지막으로 이 장에서는 역사적 강대국과 성공한 나라·실패
한 나라를 점검해보기로 한다. 우선 지적할 것은 강대국이라 칭해지는
나라들이 반드시 성공한 나라와 동일하지 않다는 사실이다. 고대 이래
각 시대에는 그 시대를 장악한 강대국이 있었다. 대표적으로 서양에는
로마제국이 있었고 동양에는 중국과 오토만제국이 있었다. 로마가 멸
망한 후 서양에는 한동안 패권을 휘두른 세력이 없다가 근대 이후 강
대국이라고 불린 스페인, 네덜란드, 프랑스, 영국이 등장했다. 강대국
의 흥망은 많은 학자들의 관심을 집중시킨 주제이며 많은 연구가 축
적되어 있다. 가장 대표적으로 폴 케네디(Paul Kennedy)의 『강대국의 흥
망』(1987)을 들 수 있는데 이 책에서 케네디는 정치적·지정학적·군사
적 분석을 통해 국가의 흥망사는 장기적 차원에서 생산력·자금조달

능력과 군사력 사이의 함수 관계를 보여 준다는 사실을 밝혀 주었다.

강대국이 강력한 군사력을 가지고 국제 무대에서 영향력을 행사하는 나라라면, 성공적인 나라는 외부적 표상에 상관없이 국민들이 안정되고 민주적인 정부와 제도하에서 부유하고 편안한 삶을 영위하는 나라를 의미한다. 서양의 경제적 제패를 집중적으로 추적한 경제학자 랜즈(David Landes)는 그 성패의 원인을 주로 문화적 요소에서 찾고 있다. 특히 서양의 개인주의 전통과 지적 탐구 및 과학적 검증 방식의 발전에 주목하면서 문화를 가장 중요한 요인으로 강조한다. 한편 애쓰모글루(Daron Acemoglu) 같은 제도학파 학자들은 한 나라의 경제적 성공을 평할 때 문화만으로는 부족하며 그 외의 다른 요인들, 특히 재정 매개체와 훌륭한 정부와 같은 제도가 관건이라고 주장한다. 동일 문화권의 사람들이라도 각기 다른 제도를 받아들임에 따라 서로 다른 행동 방식을 가지게 된다는 것이다. 제도학파 학자들이 가장 많이 언급하는 예가 통일 전 서독과 동독, 그리고 오늘날의 남한과 북한이다. 같은 문화와 같은 전통을 가진 동일 민족이면서 한 나라는 아주 성공적인 나라가 되고 한 나라는 실패한 나라가 되는 것은 제도와 지도자의 탓이라는 것이다.

강대국 혹은 성공한 나라로 불리는 나라들 중에는 나라 전체의 경제는 부유하지만 부의 분배가 고르지 못한 나라도 있고, 경제적으로 부유하면서도 정치가 안정되어 있지 않은 나라도 있다. 혹은 정치적, 경제적으로는 분명 성공했다고 할 수 있지만 국제적으로 존재감을 보이지 않는 나라도 있다. 혹은 외부에서는 성공한 나라로 인정받지만 국내적으로 국민들은 그렇게 생각하지 않는 나라들도 있다. 따라서 강대국이나 성공한 나라의 기준은 실상 매우 모호하다는 점을 염두에 두고 이하 역사적 강대국들의 흥망의 원인을 살펴본 후 성공하는 나라의 조건을 생각해 보기로 한다.

| 강대국의 흥망 |

로마제국이 멸망한 후 유럽에는 뚜렷한 주도 세력이 없었지만 1500년 이후 스페인, 네덜란드, 프랑스, 영국, 오스트리아 제국 등 몇몇 나라들이 주도권을 차지하기 위해 치열한 경쟁을 펼쳤다. 이들을 역사상의 강대국이라 부를 수 있을 것이다. 강대국을 만든 힘은 무엇보다도 강력한 군사력과 경제력이었다. 강대국이 되기 위해서는 우선 대규모 군사력이 필요하고, 군사력을 지탱하는 데는 경제 자원이 필요하며, 부를 획득하고 지탱하는 데는 군사력이 필요하다. 이처럼 경제력과 군사력은 불가결한 관계에 있다. 물론 군사력에 기반을 두지 않은 세력을 발휘하는 나라도 있다. 오늘날의 표현에 의하면 하드웨어가 아닌 소프트웨어의 힘을 가진 나라의 경우다. 그러나 20세기까지 역사상의 강대국들은 모두 하드웨어상의 강대국들이었다.

앞서 언급한 케네디는 역사적 강대국의 '흥'보다는 '망'에 더욱 통찰력을 발휘하는데 그는 강대국의 쇠퇴의 원인을 과잉 팽창과 자원의 잘못된 배분에서 찾는다. 케네디는 단순한 경제적 결정론을 피하고자 지리적 조건, 군사 조직, 국민의 사기, 동맹 관계, 그리고 지도자 개인의 우발적 실수까지 포함하여 여러 요인들을 조사한 결과, 국가가 가용 자원의 한계를 넘어 전쟁을 위한 지출을 함으로써 쇠퇴하게 된다는 사실을 밝혀내었다. 즉 국가 자원의 너무 많은 부분이 부의 생산에서 빼돌려져 군사적 목적에 쓰이고 국가가 과잉 팽창을 할 때 국력이 약화된다는 것이다. 여기서 악순환이 일어나는데, 상대적 몰락기에 있는 강대국들은 본능적으로 잠재적 자원을 투자에서 빼돌려 안보에 더 많이 지출함으로써 쇠퇴를 더욱 심각하게 만든다. 게다가 경제력의 곡선과 군사적, 영토적 영향력의 곡선 사이에는 상당한 시차가 존재하기 때문에 경제력이 쇠퇴하기 시작했을 때 그것을 감지하기가 쉽지 않다.[01]

역사적으로 과잉 팽창의 대표적인 예는 펠리페 2세 치하의 스페인과 루이 14세 치하의 프랑스다. 이들은 끊임없는 전쟁을 통해 영토를 확대하려 하고 역량을 넘어선 과잉 팽창을 추구했다는 공통점을 가지고 있다. 16세기에 합스부르크 왕실의 세력은 막강했다. 제1장에서 살펴보았듯이 유럽의 강점은 경쟁적 다원주의였고 유럽의 중심은 끊임없이 이동하였다. 그러나 16세기에 유럽은 합스부르크라는 단일 세력의 통제에 떨어질 가능성도 있었을 정도로 합스부르크는 위협적이

---

01 폴 케네디, 이일수·전남석·황건 공역, 『강대국의 흥망』(한국경제신문사, 1988), 6, 12-14면.

1602년 스페인-네덜란드 전투(Battle of the Narrow Seas)

었다. 물론 그런 상황은 실현되지 않았다.

　그렇다면 스페인은 왜 쇠퇴하였나? 당시 스페인 합스부르크 제국은 오늘날의 네덜란드와 벨기에 등의 저지대, 스페인, 포르투갈을 아우르는 거대한 제국으로 구성되어 있었다.[02] 그런 과잉 팽창이 스페인 제국의 첫 번째 쇠망 이유였다. 거대한 스페인 제국은 너무 많은 적들에 둘러싸여 있었고 너무 많은 적들과 싸워야 했고 너무 많은 전선을 방어해야 했다. 다른 나라들도 마찬가지였지만 다른 나라들은 전쟁 사

02　방대한 합스부르크 제국은 칼 5세에 의해 스페인 합스부르크와 오스트리아 합스부르크로 분리
　　(1521)되었고 그 후 스페인 왕위 계승 전쟁(1701-1714) 후에 스페인이 부르봉 왕가로 넘어가면서
　　합스부르크는 오스트리아 제국의 왕실로 남았다.

이에 평화기가 있었기에 숨을 돌릴 틈이 있었다. 그러나 스페인 합스부르크는 계속해서 전쟁을 치렀다. 그 가운데 가장 타격이 큰 전쟁은 속령인 네덜란드를 상대로 한 '80년 전쟁'(1566-1648)이었다. 그것은 스페인의 가톨릭 수호 정책에 반기를 든 네덜란드 개신교도들의 봉기로 시작되었는데 결국 네덜란드의 독립을 허락하고서야 끝을 보았다. 스페인 제국이 치른 전쟁에 들어간 비용은 근대 초에 발생한 군사혁명 때문에 더욱 치명적이었다. 특히 네덜란드와의 전쟁으로 합스부르크 왕실은 완전히 파산했는데, 1598년에 펠리페 2세가 사망했을 때 채무 상환이 국가 예산의 3분의 2를 차지하고 있었다. 당시 스페인은 신대륙의 금은보화를 쓸어 모으고 있는 중이었다. 그런 왕실이 1575년부터 1662년까지 8차례에 걸쳐 부채 상환을 거부하는 바람에 유럽의 금융거상이던 푸거(Fugger)와 벨저(Welser) 가문을 망하게 했던 것이다. 돌이켜보면 스페인 제국은 일찍이 네덜란드를 포기했어야 했다.

두 번째 이유는 스페인 정치체제가 절대왕정의 수립으로 나아갔다는 사실이다. 즉 펠리페 2세의 과잉 팽창을 막을만한 견제력이 내부에 존재하지 않았다. 특히 이 점에서 스페인과 영국은 대조적이다. 제2장에서 살펴보았듯이 영국 의회는 광범위한 사회집단을 대변하면서 왕권을 제한하고 사회를 자유롭게 하는 구심점이 된 데 반해, 스페인의 의회인 코르테스는 그러지 못했다. 코르테스는 절대왕정에 제동을 걸고 투쟁하는 다양한 이해 집단의 결합체로 발전하지 못했고 왕은 코르테스를 무력화시키는 데 성공했다.

    세 번째 원인으로 스페인 제국의 경제적 실패를 들 수 있다. 스페인은 방대한 제국이었지만 제국 내 유기적 관계가 없었고 정부가 이용할 수 있는 자원을 가장 효과적으로 동원하는 데 실패했다. 돈이 필요한 왕실은 갖가지 방법으로 세금을 부과했지만 정작 가장 쉽게 부담할 수 있는 사람들에게는 부과하지 않고 언제나 상업만 쥐어짰다. 왕실은 세금을 걷기가 갈수록 어려워지자 갖가지 특권과 독점권의 판매로 이득을 챙겼는데 그런 행위는 당연히 무역을 저해하게 마련이었다. 그 결과는 상업과 무역의 침체로 인한 경제적 실패였다. 게다가 스페인은 자체적으로 기술을 개발하거나 기업을 일으킬 능력이 없었을 뿐만 아니라 산업을 멸시하고 모든 생산품을 외국에 의존했다. 그 결과 국내 산업이 발전하지 못하고, 사치도 만연했다. 1690–1691년 사이 마드리드에 주재했던 모로코 대사는 스페인이 가장 소득 수준이 높고 부강한 나라지만 사치와 향락에 정복당해 버렸다고 관찰했다. 여기에 두뇌 유출도 치명적이었다. 16세기에 약 10만 명의 스페인 사람들이 신세계로 이주했는데 그들 다수는 정력적이고 창의적인 젊은이들이었으며 스페인에 절대 필요한 사람들이었다. 이런 여러 이유로 스페인 제국은 강대국의 지위를 유지하지 못한 채 쇠락하고 말았다.[03]

    과잉 팽창의 또 다른 대표적 예는 프랑스의 루이 14세와 나폴레옹이다. 스페인 제국과 마찬가지로 루이 14세의 프랑스를 쇠약하게

03 데이비드 랜즈, 안진환·최소영 역, 『국가의 부와 빈곤』(한국경제신문, 2010), 285면: 케네디, 『강대국의 흥망』, 73-77면.

루이 14세

베르사유 궁전

만든 것은 과잉 팽창 및 군사력 증가와 사치였다. 루이 14세 치하에서 프랑스 군대는 무려 10배 이상 증가하였다. 즉 1659년에 3만 명이던 군대가 1666년에는 9만 7천 명으로, 1710년이 되면 무려 35만 명으로 커졌다.[04] 절대왕권의 영광을 과시하기 위해 루이 14세가 베르사유궁전의 건축을 비롯해 낭비적 사치를 일삼은 것은 잘 알려진 사실이다. 루이 14세는 임종 자리에서 '너무 많은 궁정, 너무 많은 전쟁'을 후회하였다.

한편 프랑스가 쇠약해지는 동안 영국은 착실하게 세력을 확충하고 부상하고 있었다. 1660-1815년 사이는 흔히 루이 14세로 상징되는 프랑스가 강대국으로 군림한 것으로 오해되기도 한다. 그러나 실은 이때 프랑스의 제패가 아니라 전 유럽을 통해 균형 잡힌 국가 체제가 성립되고 있었으며 특히 영국이 전 지구적 헤게모니를 장악하기 시작하였다. 영국의 부상과 제패에 기여한 국제적 사건은 7년 전쟁(1756-1763)과 나폴레옹전쟁이었다. 7년 전쟁은 영국과 프랑스가 북아메리카 식민지를 둘러싸고 갈등을 벌이다 발발한 전쟁인데, 당시 유럽 강대국들이 대거 참전하여 일종의 세계 전쟁으로 번진 사건이다. 이때 '외교 혁명'이 일어나 영국은 그동안의 동맹국이던 오스트리아 제국을 버리고 프로이센과 동맹을 맺었고, 프랑스는 과거 주적이던 오스트리아 제국과 화해하고 러시아와 손을 잡았다. 전쟁은 결국 우수한 영국 함대의 활약으로 영국 측의 승리로 종결되었고, 전쟁의 승리가 가져다

04　케네디, 『강대국의 흥망』, 114면.

7년 전쟁(French and Indian War)

준 이득은 주로 영국에게 돌아가 영국이 프랑스 식민지들을 차지하였다. 그러나 영국의 동맹국이던 프로이센은 엄청난 전비로 인해 상승하고 있던 국력이 오히려 꺾였는데 프리드리히 왕은 그 후 조용한 삶을 원하게 되었다. 나폴레옹전쟁 역시 나폴레옹의 과잉 팽창 욕심에 의한 것이었고 그 결과는 프랑스의 심각한 위축과 영국과 러시아의 부상이었다. 프로이센의 대원수였던 그나이제나우(August von Gneisenau)가 이 상황을 잘 요약하였다.

대영제국은 이 악당 ―나폴레옹― 에게 가장 큰 은혜를 입었다. 그가 저지른 사건 덕분에 영국의 위대함과 부와 번영이 치솟았기 때문이다. 영국은 바다의 여왕이며 제해권이나 세계무역 면에서 두려워해야 할 라이벌이 단 하나도 없다.[05]

영국이 이때 선두로 나선 데에는 17세기 말부터 진행된 재정 혁명도 기여하였다. 제2장에서 설명했듯이 영국은 명예혁명 후 영국은 행을 설립하고 공공 신용 체제를 구축하여 전쟁을 할 경우 그 비용의 상당 부분을 채권으로 부담하면서 국가 경제를 재앙으로 몰지 않을 수 있었다. 다른 나라들이 재정적으로 파산에 몰린 것과 대조적이다. 또 하나 영국이 가진 이점은 지리적인 것이었다. 즉 프랑스는 육지와 해상을 둘 다 경비해야 했지만 영국은 해상력만 확충하면 되었다. 한편 스페인이나 프랑스처럼 극적이지는 않지만 19세기 말의 영국도 과잉 팽창의 예라고 할 수 있다. 한 나라의 국력을 지리적 규모, 인구, 자연 자원 등을 고려해 측정한다면 영국은 전 세계 부와 세력의 3-4%만 차지하면 된다. 그러나 20세기 초에 영국이 최전성기에 있을 때 그 나라는 전 세계 지표와 전 세계 인구의 25%를 차지하고 있었다. 이런 상태는 비정상적이고 오래 지속될 수 없는 것이었다. 제5장에서 살펴보았듯이 제국은 경제적으로 재정적으로 영국의 쇠퇴에 책임질 부분이 많았다.

한편 네덜란드의 경우는 지정학적 조건의 중요성을 여실히 보여

---

05 케네디, 『강대국의 흥망』, 171면.

준다. 영국이 따라잡기를 시작하기 전인 17세기 후반에 네덜란드는 전 세계 상업과 금융과 경제를 장악하고 있었다. 몇몇 견해에 따르면 네덜란드가 17세기에 번영한 것 자체가 기적이며 그로부터의 쇠퇴는 인구 200만 명의 조그마한 네덜란드 공화국이 원래 자신에게 걸 맞는 지위로 돌아간 것을 의미할 뿐이다. 그러나 좀더 심층적으로 흥망의 원인을 분석해 본다면 네덜란드의 쇠퇴에서 내부 원인과 외부 원인을 찾을 수 있다. 외부 원인 가운데 가장 결정적인 것은 전쟁, 그리고 지정학적 조건이 변화함에 따라 해상국으로서 누리던 번영이 사라져 버린 것이었다. 17세기 초에 네덜란드는 경제적 번영, 사회적 안정, 정예 육군과 강력한 해군을 갖추고 있었으며 지정학적으로도 불리할 것이 없었다. 그러나 루이 14세가 프랑스 왕으로 즉위하면서 네덜란드는 루이 14세의 끊임없는 과잉 팽창의 먹이가 되지 않기 위해 몸부림쳐야 했고 국력의 대부분을 남쪽 국경을 수비하는 데 투입해야 했다. 그러나 프랑스를 상대하기 위해 국방비의 4분의 3을 육군에 집중적으로 지출하고 함대를 소홀히 한 대가로 이번에는 영국에 비해 해상력이 현저히 뒤떨어지게 되었다. 1714년쯤 되면 네덜란드는 더 이상 바다와 상업의 강자가 아니었다. 이런 외부 환경의 변화와 더불어 내부 문제도 발생했는데 가장 중요한 것은 경제력이 쇠약해졌다는 사실이었다. 즉 무역과 산업에서 철수하여 금융으로 전환한 것, 축적된 자본을 산업으로 연결시키지 못함으로써 자본이 국외로 빠져나가는 현상이 나타난 것, 소비품에 높은 세금을 매기자 고임금이 초래된 것, 세금을 두고 부담

을 함께 지지 않으려는 중앙과 지방의 갈등이 야기된 것 등 불행한 상황이 전개되었다.[06]

이상 살펴본 대로 역사상 어느 나라도 강대국의 지위를 오래 유지할 수 없었다. 그나마 영국이 18세기 후반부터 20세기 초까지 가장 오랫동안 그 지위를 지켰다고 할 수 있다. 1945년부터 시작된 미국의 강대국 지위가 언제까지 지속될 것인지는 흥미로운 질문이 아닐 수 없다.

| 성공한 나라, 실패한 나라 |

한편 강대국과 다른 의미의 성공한 나라를 살펴본다면, 이 책을 관통하여 주장하는 바는 자유와 소유와 권력이 한 사람이나 소수에게 집중되는 것이 아니라 많은 사람들에게 배분될 때 그 나라는 성공한 나라가 된다는 것이다. 경제적으로 '사적 소유를 확실히 보장한 사회가 경제 발전을 이룩할 가능성이 가장 크다'는 사실은 역사적으로 검증되어 있다. 소유권을 보장하는 법적, 제도적 장치가 확립되어 있어야 한다는 것이다. 정치적으로는 권력이 소수에게 집중되어 있지 않고 고르게 배분되어 있어 많은 사람들이 정책 결정에 참여할 수 있고, 정

---

06   찰스 P. 킨들버거, 주경철 옮김, 『경제 강대국 흥망사』(까치, 2004), 170-171면; 케네디, 『강대국의 흥망』, 112-114, 134면.

부가 안정되고 탐욕스럽지 않아 세금을 과도하게 부과하는 등의 욕심을 부리지 않는 나라가 성공한 나라라는 사실도 자명하다. 즉 재능과 노력을 기울여 얻은 결과물을 자신의 것으로 향유할 수 있을 뿐만 아니라 나라의 정책 결정에 목소리를 낼 수 있는 사람들이 많은 사회가 성공한 사회다.

그렇다면 그런 성공을 유인하는 요인은 무엇인가? 애쓰모글루와 로빈슨(James A. Robinson)은 최근 저서 『국가는 왜 실패하는가?』에서 제도를 가장 중요한 요인으로 간주하면서 정치와 경제의 밀접한 관계를 강조한다. 즉 한 나라의 발전을 결정하는 데에는 경제 제도가 핵심적인 역할을 하지만, 그 나라가 어떤 경제 제도를 갖게 되는지를 결정하는 것은 정치와 정치제도라는 것이다. 즉 누가 권력을 쥐고 그 권력을 어떻게 행사하는지가 중요하다. 그들은 성공한 나라의 특징을 포용적 정치·경제체제에서 찾는다. '포용적'은 '착취적'과 대조되는 개념으로 사회 전반에 분산되어 있음을 의미하고, '착취적'은 소수에게 집중되어 있음을 의미한다. 포용적 정치권력은 사유재산권을 보장해주고 계약 및 교환의 자유를 확보해 준다. 포용적 경제 제도는 포용적 시장을 만들어내는데, 포용적 시장에서 사람들은 자신의 재능에 가장 걸맞은 직업과 소명을 추구할 자유를 누릴 수 있고 공정한 경쟁을 통해 그럴 수 있는 기회를 잡게 된다. 한편 착취적 체제는 잠시 경제성장을 가능하게 할 수 있지만 그 체제하에서 성장은 지속될 수 없고 포용적 체제로 바뀌어야만 성장이 지속된다. 애쓰모글루와 로빈슨은 한국의 경우를 예로 드는데, 1980년대에 착취적 정치체제가 포용적 정치체제로 바뀌었기 때문에 한국은 군사독재하에서 추진된 경제성장이 지속되어 성공할 수 있었다고 설명한다.[07]

현실적으로 이 세상에는 성공한 나라보다 실패한 나라로 분류되는 나라들이 훨씬 더 많다. 그렇다면 왜 어떤 나라들은 가난한가? 21세기에도 여전히 성공적인 근대화를 추진하지 못해 허덕이고 있는 많은 국가들을 생각할 때 이 문제는 심각하게 고려해야 할 사안이다. 앞서 언급되었듯이 제도학파는 권력자가 빈곤을 조장하는 정책을 의도적으로 선택하기 때문이라고 말한다. 이들에 따르면 국가가 실패하는 이유는 경제성장을 저해하거나 심지어 발목 잡는 착취적 정치제도를 기반으로 착취적 경제제도를 시행하기 때문인데, 그 이면에는 '창조적 파괴'에 대한 공포가 있다. 창조적 파괴는 낡은 분야에서 새로운 분야로 자원을 이동시키고 신생 기업이 기성 기업의 시장을 잠식하는 등의 변화를 포함하며 그런 중대한 혁신은 정치판의 판도마저 바꾸어놓기 때문에 잃을 게 많은 세력은 혁신을 막으려 애쓰게 된다는 것이다.[08] 한편 랜즈와 같이 지식과 문화를 강조하는 학자에게는 어떤 나라가 가난한 이유는 그 사회의 문화적·지적·사회적 풍토가 가난을 극복할 준비가 되어 있지 않기 때문이다.

애쓰모글루와 로빈슨의 연구는 오늘날 아시아, 아프리카, 남아메

07 대런 애쓰모글루 & 제임스 A. 로빈슨, 최완규 옮김, 『국가는 왜 실패하는가』(시공사 2012), 76-78, 120-121, 129면.
08 애쓰모글루 & 로빈슨, 『국가는 왜 실패하는가』, 129-131, 266면.

리카 지역에서 발견되는 가난한 나라들의 모습을 주로 보여 주지만 선진국들 가운데도 '실패'를 경험한 나라들이 있다. 앞서 언급된 역사적 강대국들은 모두 실패를 경험했다고 말할 수 있다. 예를 들어 20세기의 영국은 실패했다고 할 수 있는데, 그렇다고 영국이 갑자기 1900년대 이후에 헐벗고 굶주린 나라가 된 것은 아니다. 17세기 스페인이 실패했다고 해서 스페인이라는 나라가 지도상에서 사라진 것도 아니었다. 따라서 어떤 나라가 실패했다는 것은 절대적인 의미에서 실패했다는 의미가 아니다. 학자들은 실패를 '합리적 행동이 가져올 기대치'의 결과보다 잘하지 못한 것으로 정의한다. 따라서 실패란 상대적 기준에 의해 판단되며 상대적 쇠퇴는 역사상 모든 나라가 겪는 현상이라 할 수 있다.

이상 설명된 논의를 종합해보면, 한 국가의 쇠퇴 원인은 내부 원인과 외부 원인으로 나눌 수 있다. 내부 원인은 자연적 노화 과정이라 할 수 있다. 대부분의 나라들은 일단 성공하면 위험을 회피하려는 소심함, 혁신의 감소, 소비와 사치의 증가, 부패, 조세 저항, 정부와 기업의 관료주의 증상의 증가, 변화의 거부 등의 현상을 보이는데 그런 현상이 나타난다는 사실은 그 나라가 쇠퇴하는 증거라고 할 수 있다. 한편 외부 원인으로는 전쟁, 과잉 팽창, 신진 강대국들과의 날카로운 경쟁 등을 들 수 있는데 그 중 가장 중요한 것은 전쟁이다. 전쟁은 일반적으로 젊은 국가의 성장 속도를 높이고 늙은 국가의 쇠퇴를 재촉한다.[09] 최근에는 제도학파의 주장이 크게 영향력을 미치고 있고 좋은 제도가 나라의 성패에 가장 중요한 요인이라는 주장이 설득력을 얻고 있다. 그러나 동일한 제도가 반드시 동일한 결과를 만들어내지는 않으며, 동일한 제도라 할지라도 다양한 역사와 문화 풍토에서 다르게 작용한다는 사실을 기억해야 한다. 따라서 어떤 나라가 성공하는가 실패하는가는 역사·문화·제도가 서로 유기적으로 얽힌 결과라고 할 수 있다. 오늘날의 중국이 입증하듯 국가의 크기와 인구도 대단히 중요한 요인이다. 그러나 넓은 의미에서 국가의 부가 그 나라의 세력을 결정하는 것은 사실이지만 한 나라가 소유한 영토와 인구, 경제력과 군사력이 그 나라의 힘을 절대적으로 결정한다고 볼 수는 없다. 국가의 힘은 그런 유형적 요소뿐만 아니라 국민적 단합, 안정된 정부 체제, 그리고 외교적 역량 같은 무형적 요인으로부터도 큰 영향을 받는다.[10] 덧붙여 리더십을 들 수 있는데 리더십이란 제때 생각하고 제때 행동하는 것을 의미하며 그것은 성공적 정책 결정과 결단력에서 드러난다.

내부 요인과 외부 요인 가운데 어떤 시기에는 내부 요인이, 다른 시기에는 외부 요인이 더욱 중요한 역할을 한다. 네덜란드의 경우를 보면 지리적 조건은 동일하지만 지정학적 요인이 바뀜에 따라, 다시 말해 이웃 국가가 어떤 전략을 수립하느냐에 따라 국가 운명이 바뀔 수도 있다. 네덜란드의 경험은 국가 안보와 경제적 번영을 위해서는 국가가 처한 상황을 끊임없이 점검하는 노력이 필요하다는 사실을

09 킨들버거, 『경제 강대국 흥망사』, 339-340면; Michael Mann, *States, War and Capitalism* (New York: Blackwell, 1992), pp.211, 212.
10 David Reynolds, *Britannia Overruled* (London: Longman, 1996), pp.30, 31.

보여 준다. 외부 요인보다 더욱 중요한 것은 사실 내부 요인이다. 근대 초 영국과 스페인, 프랑스를 갈라놓은 것은 권력의 집중을 막아 왕의 자의적 통치를 통제하는 수단이 있는지 여부였다. 즉 절대왕권을 견제할 수단의 존재가 중요했고, 그것이 존재하기 위해서는 의회가 광범위한 사회계층을 대변해야 했고, 그것은 또한 자유와 소유가 국민 사이에 광범위하게 분산되어 있을 때 가능했다. 동시에 19세기 말부터 시작된 영국의 쇠퇴는 성공이 실패의 어머니가 되지 않도록 사회와 제도가 정체되거나 경직되는 것을 막아 끊임없는 혁신이 가능하도록 해야 한다는 교훈을 준다.

되풀이하지만 성공한 나라는 자유와 소유와 권력이 널리 분포되어 있는 나라를 의미한다. 즉 정치가 안정되어 있고 민주적으로 운영되며 경제적으로 부유하고 국민 간에 부와 권력이 고르게 분배되어 있어 사회 갈등이 적을 뿐만 아니라 국제적으로 영향력을 행사할 수 있을 정도로 존재를 인정받는 나라를 의미한다. 이런 의미에서 성공한 나라는 역사상 영국과 미국을 포함하여 몇몇이 되지 않는다. 영국과 미국처럼 성공한 나라가 강대국이 되면 다른 나라보다 더 오래 그 지위를 유지할 수 있을 것이고 주변 국가들도 상대적으로 조금 더 편할 것이다.

결론적으로, 강대국이 되기보다는 성공한 나라가 되어 국민들에게 편안하고 행복한 삶을 보장해주는 나라가 되는 것이 바람직하다. 성공한 나라가 되기 위해서는 좋은 제도를 갖추는 것만이 아니라 수준

높은 지식과 문화를 갖추어야 한다. 제도는 비교적 쉽게 이식될 수 있지만 그 제도를 적절히 사용할 수 있는 지식과 문화는 단기간에 발전하고 정착될 수 있는 것이 아니다. 역사는 꾸준히 지식과 문화를 축적하고 발달시켜 국민의 기량을 키워야 내부적으로 성공한 나라이면서 외부적으로도 존중받는 나라가 될 수 있다는 사실을 보여 준다.

_ 참고문헌

Abernethy, David, *The Dynamics of Global Dominance: European Overseas Empires 1415-1980* (New Haven: Yale University Press, 2000).

Acemoglu, Daron, Simon Johnson & James A. Robinson, "The Colonial Origins of Comparative Development: An Empirical Investigation," *The American Economic Review,* 91/5 (December 2001).

Acemoglu, Daron & James Robinson, *Why Nations Fail? The Origins of Power, Prosperity and Poverty* (New York: Crown, 2012).

Adas, William Michael, ed., *Technology and European Overseas Enterprise* (Brookfield, VT: Variorum, 1995).

Alexander, James, "The Major Ideologies of Liberalism, Socialism and Conservatism," *Political Studies,* 63 (June 2014).

Allen, Robert, *The British Industrial Revolution in Global Perspective* (Cambridge: Cambridge University Press, 2009).

Bairoch, Paul, *Economics and World history: Myths and Paradoxes* (New York: Harvester Wheatsheaf, 1993).

Bayly, C. A. *Empire and information: Intelligence Gathering and Social Communication in India, 1780-1870* (Cambridge: Cambridge University Press, 1996).

Beasley, W. G., *Japanese Imperialism 1894-1945* (Oxford: Clarendon, 1991).

Bernhard, Michael, Christopher Reenock & Timothy Nordstrom, "The Legacy of Western Overseas Colonialism on Democratic Survival," *International Studies Quarterly,* 48 (March 2004).

Brantlinger, Patrick, *Rule of Darkness: British Literature and Imperialism, 1830-1914* (London: Cornell University Press, 1990).

Breckenridge, Carol & Peter van der Veer, *Orientalism and the Postcolonial Predicament* (Philadelphia: University of Pennsylvania Press, 1993).

Brendon, Piers, "A moral audit of the British empire," *History Today,* 57/10 (2007).

Brook, Timothy & Andre Schmid, eds., *Nation Work: Asian elites and national identities* (Ann Arbor: University of Michigan Press, 2000).

Brook, Timothy, "Collaborationist Nationalism in Occupied Wartime China" in *Nation Work: Asian elites and national identities,* ed. Timothy Brook & Andre Schmid (Ann Arbor: University of Michigan Press, 2000).

_____, *Collaboration: Japanese Agents and Local Elites in Wartime China* (Cambridge: Harvard University Press, 2005).

Brown, Judith & Roger Louis, eds., *The Oxford History of the British Empire,* Vol. 4, *The Twentieth Century* (Oxford: Oxford University Press, 1999).

Brown, Judith M., *Nehru: A Political Life* (New Haven: Yale UP, 2003).

Bryant, Joseph M., "The West and the Rest Revisited," *Canadian Journal of Sociology,* 31/4 (Autumn 2006).

Burrin, Philippe, *France under the Germans: collaboration and compromise* (New York: New Press, 1996).

Burton, Antoinette, *At the Heart of the Empire: Indians and the Colonial Encounter in Late-Victorian Britain* (Berkeley: University of California Press, 1998).

Bush, Barbara, *Imperialism and Postcolonialism* (New York: Pearson Longman, 2006).

Cain, Peter & A. Hopkins, *British Imperialism,* Vol.1, *Innovation and Expansion 1688-1914;* Vol.2, *Crisis and Deconstruction 1914-1990* (Harlow: Longman, 1993).

Cameron, Rondo, *A Concise Economic History of the World* (Oxford: Oxford University Press, 1993).

Canny, Nicholas, *Oxford History of the British Empire,* Vol. 1, *The Origins of Empire* (Oxford: Oxford University Press, 1998).

Caprio, Mark E., "Loyal Patriot? Traitorous Collaborator? The Yun Chiho Diaries and the Question of National Loyalty," *Journal of Colonialism and Colonial History,* 7/3 (Winter 2006).

Chatterjee, Partha, *The Nation and Its Fragments* (Princeton: Princeton University Press, 1993).

Chaudhuri, K. N., "The Structure of the Indian Textile Industry in the Seventeenth and Eighteenth Centuries" in *Technology and European Overseas Enterprise,* ed. Michael Adas (Surrey: Variorum, 1996).

Clark, Gregory, *A Farewell to Alms: A Brief Economic History of The World* (Princeton: Princeton UP, 2007).

Coates, David, *The Question of UK Decline* (Hempstead, Hertfordshire: Harvester Wheatsheaf, 1994).

Cobb, Richard, *French and Germans, Germans and French: a personal interpretation of France under two occupations, 1914-1918/1940-1944* (Hanover & London: University Press of New England, 1983).

Colley, Linda, *Britons: forging the nation, 1707-1837* (New Haven: Yale University Press, 1992).

Collini, Stefan, *Public Moralists: Political Thought and Intellectual Life in Britain 1850-1930* (Oxford: Clarendon, 1993).

Colls, Robert & Philip Dodd, eds., *Englishness, Politics and Culture 1880-1920* (Dover, N.H.: Croom Helm, 1987).

Conklin, Alice & Ian C. Fletcher, eds., *European Imperialism 1830-1930* (Boston: Houghteon Mifflin, 1999).

Cooper, Frederick, "Conflict and Connection: Rethinking Colonial African History," *American Historical Review,* 99/5 (1994).

Cooper, Frederic & Ann Stoler, eds., *Tensions of Empire: Colonial Cultures in a Bourgeois World* (Berkeley: University of California Press, 1997).

Crafts, Nicholas, "British Relative Economic Decline Revisited," *Working Paper,*

Coventry, Department of Economics, University of Warwick, CAGE Online Working Paper Series, 2011/42 (May 2011). http://wrap.warwick. ac.uk/44719/

Darby, Philip, *Three Faces of Imperialism: British and American Approaches to Asia and Africa, 1870-1970* (New Haven: Yale University Press, 1987).

Darwin, John, *The End of the British Empire* (Cambridge: Basil Blackwell, 1991).

Darwin, John, *European Imperialism 1860-1914* (Houndmills, Basingstoke, Hampshire: Macmillan, 1994).

Davis, Lance & R. Huttenback, *Mammon and the Pursuit of Empire* (Cambridge: Cambridge University Press, 1988).

Digby, Anne, Charles Feinstein & David Jenkins, eds., *New Directions in Economic and Social History* (Basingstoke: Macmillan, 1992).

Dirks, Nicholas, *Colonialism and Culture* (Ann Arbor: University of Michigan Press, 1992).

Doyle, Michael, *Empires* (Ithaca: Cornell University Press, 1986).

Dunn, John, *Western Political Theory in the Face of the Future* (Cambridge: Cambridge University Press, 1993).

_____, *Setting the People Free: The Story of Democracy* (London: Atlantic Books, 2005).

Duus, Peter, *The Abacus and the Sword: the Japanese Penetration of Korea, 1895-1910* (Berkeley: University of California Press, 1998).

Eccleshall, Robert, "Party Ideology and National Decline" in *Rethinking British Decline,* ed. Richard English & Michael Kenny (Houndmills, Basingstoke, Hampshire: Macmillan, 2000).

Edelstein, M., "Foreign investment and empire 1860-1914" in *The Economic History of Britain since 1700,* Vol.2, 1860-1939, eds. Roderick Floud & Deirdre McCloskey (Cambridge: Cambridge University Press, 1994).

Eldridge, C. C., ed., *British Imperialism in the Nineteenth Century* (London:

Macmillan, 1984).

English, Richard & Michael Kenny, eds., *Rethinking British Decline* (Houndmills, Basingstoke, Hampshire: Macmillan, 2000).

Feinstein, Charles, "Britain's overseas investments in 1913," *Economic History Review,* 43/2 (May 1990).

_____, "Slowing Down and Falling Behind" in *New Directions in Economic and Social History,* eds. Anne Digby, Charles Feinstein & David Jenkins (Basingstoke: Macmillan, 1992).

Ferguson, Niall, *Empire: The Rise and Demise of the British World Order and the Lessons for Global Power* (New York: Basic Books, 2002).

Fieldhouse, D. K., *The Colonial Empires* (London: Macmillan, 1982).

Fieldhouse, David, *The West and the Third World* (Oxford: Wiley–Blackwell, 1999).

Fisher, Michael, *Indirect Rule in India: Residents and the Residency System 1764–1858* (Oxford: Oxford University Press, 1991).

Fishman, Sarah, Laura Lee Downs & Ioannis Sinanogl, *France at War: Vichy and the historians* (Oxford: Berg, 2000).

Floud, Roderick & Deirdre McCloskey, eds., *The Economic History of Britain since 1700,* Vol. 2, 1860–1939 (Cambridge: Cambridge UP, 1994).

Gallagher, John & Ronald Robinson, "The Imperialism of Free Trade," *Economic History Review,* 6/1 (1953).

Gallagher, John, *The Decline, Revival and Fall of the British Empire* (Cambridge: Cambridge University Press, 1982).

Gamble, Andrew, *Britain in Decline: economic policy, political strategy, and the British state* (Basingstoke, Hampshire: Macmillan, 1985).

_____, "Theories and Explanations of British Decline" in *Rethinking British Decline,* ed. Richard English & Michael Kenny (Houndmills, Basingstoke, Hampshire: Macmillan, 2000).

Gartzke, Erik & Dominic Rohner, "The Political Economy of Imperialism,

Decolonization and Development," *British Journal of Political Science,* 41/3 (July 2011). http://journals.cambridge.org/JPS.

Gellner, Ernest, *Nations and Nationalism* (Ithaca, N.Y.: Cornell University Press, 1983).

Gilliatt, Stephen, *An Exploration of the Dynamics of Collaboration and Non-Resistance* (Lewiston, New York: Edwin Mellen, 2000).

Gilpin, Robert, *War and Change in World Politics* (Cambridge: Cambridge University Press, 1981).

Gordon, Bertram M., "The Morphology of the Collaborator: the French case," *Journal of European Studies,* 23 (1993).

Greenfeld, Liah, *Nationalism, Five Roads to Modernity* (Cambridge: Harvard University Press, 1992).

Gregory, Robert, "Co-operation and Collaboration in colonial East Africa: the Asians' Political Role, 1890-1964," *African Affairs,* 80 (1981).

Hastings, Adrian, *The Construction of Nationhood* (Cambridge: Cambridge University Press, 1997).

Headrick, Daniel, *The Tools of Empire: Technology and Imperialism in the Nineteenth Century* (Oxford: Oxford University Press, 1981).

_____, *The Invisible Weapon: Telecommunications and International Politics 1851-1945* (Oxford: Oxford University Press, 1991).

Huttenback, Robert, *Racism and Empire* (Ithaca: Cornell University Press, 1976).

Hyam, Ronald, *Britain's Imperial Century, 1815-1914* (New York: Barnes & Noble, 1993).

Iriye, Akira, ed., *The Chinese and the Japanese* (Princeton: Princeton University Press, 1980).

Issacman, Alan & Barbara Isaacman, "Resistance and Collaboration in Southern and Central Africa," *The International Journal of African Historical Studies,* 10/1 (1977).

Jansen, Marius, *Japan and its World* (Princeton: Princeton University Press, 1980).

Judd, Denis, *Empire: the British Imperial Experience from 1765 to the Present* (London: Fontana, 1996).

Kennedy, Paul, "Continuity and Discontinuity in British Imperialism 1815–1914" in *British Imperialism in the Nineteenth Century,* ed. C. C. Eldridge (London: Macmillan, 1984).

_____, "Debate: the Costs and Benefits of British Imperialism 1846–1914," *Past and Present,* 125 (1988).

Kindleberger, Charles, *World in Depression, 1929–1939* (Berkeley: University of California Press, 1973).

Koebner, Richard, *Empire* (Cambridge: Cambridge University Press, 1961).

Laborie, Pierre, "1940–1944: Double–Think in France" *in France at War: Vichy and the historians,* eds. Sarah Fishman, Laura Lee Downs & Ioannis Sinanogl (Oxford: Berg, 2000).

Landes, David, *The Wealth and Poverty of Nations* (London: Little Brown, 1998).

_____, "Why Europe and the West? Why Not China?," *Journal of Economic Perspectives,* 20/2 (Spring 2006).

Lankina, Tomila & Lullit Getachew, "Mission or Empire, Word or Sword? The Human Capital Legacy in Postcolonial Democratic Development," *American Journal of Political Science,* 56/2 (April 2012).

La Porta, Rafael, Florencio Lopez–de–Silanes, Andrei Shleifer & Robert W. Vishny, "Law and Finance," *Journal of Political Economy,* 106/6 (December 1998).

La Porta, Rafael, Florencio Lopez–de–Silanes, Andrei Shleifer & Robert W. Vishny, "The Quality of Government," *Journal of Law, Economics, and Organization,* 15/1 (April 1999).

Lawson, Philip, *The East India Company* (London: Longman, 1994).

Lloyd, T. O., *The British Empire 1558–1983* (Oxford: Oxford University Press, 1991).

Locke, John, *The Second Treatise of Government* (New York: The Liberal Arts Press,

1952).

Loomba, Ania, *Colonialism/Postcolonialism* (New York: Routledge, 1998).

Lopez, Robert, *The Birth of Europe* (New York: M. Evans & Co., 1972).

Louis, William Roger, ed., *The Oxford History of the British Empire*, Vol. 3, *The Nineteenth Century*, ed. Andrew Porter (Oxford: Oxford University Press, 1999).

Luce, Edward, *In Spite of the Gods: the strange rise of modern India* (New York: Doubleday, 2007).

Macfarlane, Alan, *The Origins of English Individualism* (Oxford: Basil Blackwell, 1978).

_____, *The Culture of Capitalism* (Oxford: Blackwell, 1989).

Mackenzie, John, ed., *Imperialism and Popular Culture* (Manchester: Manchester University Press, 1986).

Mackenzie, John, *Propaganda and Empire,* Manchester: Manchester University Press, 1988).

Mahoney, Paul, "The Common Law and Economic Growth," *The Journal of Legal Studies,* 30/2 (June 2001).

Mangan, J. A., *Making Imperial Mentalities* (Manchetser: Manchester University Press, 1990).

Mann, Michael, *States, War and Capitalism* (New York: Blackwell, 1992).

Marshall, P. J., *The Cambridge Illustrated History of the British Empire,* (Cambridge: Cambridge University Press, 1996).

McEwan, Cheryl, *Postcolonialism and Development* (New York: Routledge, 2009).

Mearsheimer, John, *The Tragedy of Great Power Politics* (New York: Norton, 2001).

Mill, John Stuart, *Utilitarianism, Liberty, Representative Government* (EVERYMAN's Library, 1968).

Misra, B. B., *The Bureaucracy in India* (Delhi: Oxford University Press, 1977).

Mokyr, Joel, ed., *The Economics of the Industrial Revolution* (Totowa, NJ: Rowman

& Allanheld, 1985).

Mokyr, Joel, "The Industrial Revolution and the New Economic History" in *The Economics of the Industrial Revolution,* ed. Joel Mokyr (Totowa, NJ: Rowman & Allanheld, 1985).

_____, *The Gifts of Athena: Historical Origins of the Knowledge Economy* (Princeton: Princeton UP, 2002).

Mommsen, W., *Theories of Imperialism* (New York: Random House, 1981).

_____. & J. Osterhammel, ed., *Imperialism and After* (London: Allen & Unwin, 1986).

Myers, R. and Mark Peattie, eds., *The Japanese Colonial Empire, 1895–1945* (Princeton: Princeton University Press, 1984).

Nasson, Bill, *Britannia's Empire: Making a British World* (Gloucestershire: Tempus, 2004).

Nigam, Rajik, *Memoirs of old Mandarins of India* (New Delhi: Documentation Centre for Corporate & Business Policy Research, 1985).

O'Brien, Patrick, "European Economic Development: the Contribution of the Periphery," *Economic History Review,* 35/1 (February 1982).

_____, "The Costs and Benefits of British Imperialism 1846–1914," *Past and Present,* 120 (1988).

_____, "Path dependency, or why Britain became an industrialized and urbanized economy long before France," *Economic History Review,* 49/2 (1996).

_____, "Intercontinental Trade and the Development of the Third World since the Industrial Revolution," *Journal of World History,* 8/1 (1997).

_____ & Armand Clesse, eds., *Two hegemonies: Britain 1846–1914 and the United States 1941–2001* (Hants, England: Ashgate, 2002).

_____, "The Pax Britannica and American Hegemony" in *Two hegemonies: Britain 1846–1914 and the United States 1941–2001,* eds. Patrick O'Brien &

Armand Clesse (Hants, England: Ashgate, 2002).

Offer, Avner, "The British empire, 1870–1914: a waste of money?," *Economic History Review,* 46/2 (1993).

Olson, Mancur, *The Rise and Decline of Nations: Economic Growth, Stagflation and Social Rigidities* (New Haven: Yale University Press, 1982).

Osterhammel, Jürgen, *Colonialism: a theoretical overview* (Princeton: Markus Wiener, 1997).

Owen, Roger & Bob Sutcliffs, eds., *Studies in the Theory of Imperialism* (London: Longman, 1972).

Parech, Bhikhu, *Gandhi's Political Philosophy* (London: Macmillan, 1989).

Peattie, Mark, 『植民地』(東京: 讀賣新聞社, 1996).

Peitsch, Helmut, Charles Burdett & Claire Gorrara, eds., *European Memories of the Second World War* (New York: Berghann Books, 1999).

Pollard, Sidney, *Britain's Prime and Britain's Decline* (New York: Edward Arnold, 1991).

_____, *The Wasting of British Economy* (London: Croom Helm, 1982).

Pomeranz, Kenneth, *The Great Divergence* (Princeton: Princeton University Press, 2000).

Porter, Bernard, *The Lion's Share: a short history of British imperialism 1850–1970* (New York: Longman, 1975).

Porter, Andrew, *European Imperialism 1860–1914* (Houndmills, Basingstoke, Hampshire: Macmillan, 1994).

_____, *Oxford History of the British Empire,* Vol. 3, *The Nineteenth Century,* ed. Andrew Porter (Oxford: Oxford University Press, 1999).

Pratt, Mary Louise, *Imperial Eyes: Travel Writing and Transculturation,* London (New York: Routledge, 1992).

Reynolds, David, *Britannia Overruled* (London: Longman, 1996).

Rich, Paul, *Race and Empire in British Politics* (Cambridge: Cambridge University

Press, 1990).

Rings, Werner, *Life with the Enemy: collaboration and resistance in Hitler's Europe, 1939–1945* (Garden City, N.Y.: Doubleday, 1982).

Ruggiero, Guido de, *The History of European Liberalism* translated by R. G. Collingwood (Boston: Beacon Press, 1959).

Said, Edward, *Culture and Imperialism* (New York: Vintage Books, 1994).

Skidelsky, Robert, *Interests and Obsessions* (London: Macmillan, 1993).

Smith, Martin, "Institutional Approaches to Britain's Relative Economic Decline" in *Rethinking British Decline*, ed. Richard English & Michael Kenny (Houndmills, Basingstoke, Hampshire: Macmillan, 2000).

Smith, Tony, *The Pattern of Imperialism* (Cambridge: Cambridge University Press, 1981).

Stafford, William, *John Stuart Mill* (London: Macmillan, 1998).

Steinmetz, George, "The Sociology of Empires, Colonies, and Postcolonialism," *Annual Review of Sociology*, 40 (5 June 2014). www.annualreviews.org.

Treisman, Daniel, "The Causes of Corruption: A Cross-national Study," *Journal of Public Economist*, 76/3 (2000).

Waites, Bernard, *Europe and the Third World: from colonisation to decolonisation, c. 1500–1998* (New York: St. Martin's Press, 1999).

Warwick, Paul, "Did Britain Change? An Inquiry into the Causes of National Decline," *Journal of Contemporary History*, 20/1 (January 1985).

Webster, Anthony, *The Debate on the Rise of the British Empire* (Manchester: Manchester University Press, 2006).

Wehler, Hans-Ulrich, "Bismarck's Imperialism 1862–1890," *Past and Present*, 48 (1970).

Wiener, Martin, *English Culture and the Decline of the Industrial Spirit, 1850–1980* (Harmondsworth: Penguin, 1985).

Winder, Robert, *Bloody Foreigners: the story of immigration to Britain* (London:

Abacus, 2005).

Young, Robert C., *Postcolonialism: An Historical Introduction* (Oxford: Blackwell, 2001).

君島和彦, 〈植民地支配の構造〉, 淺田喬二 編, 『帝國日本とアジア』(吉弘文館, 1994).

大江志乃夫, 〈東アジア新舊帝國の交替〉, 『近代日本と植民地』, 第1券, 『植民地帝國 日本』(岩波, 1992).

濱田恒之助 & 大山長資, 『わが 植民地』(富山房, 昭和 2/1927).

小態英人, 〈差別卽平等〉, 『歷史學硏究』, 662 (1994).

矢內原忠雄, 〈朝鮮統治의 方法〉, 『中央公論』(大正15/1926.6).

淺田喬二 編, 『帝國日本とアジア』(吉弘文館, 1994).

국사편찬위원회, 『한국사』, 47권.

김낙년, 〈식민지 시기의 공업화 재론〉, 박지향 외, 『해방전후사의 재인식』, 1권(책세 상, 2006).

김도형, 〈한말 친일파의 등장과 문명개화론〉, 「역사비평」, 3(1993 겨울).

김두얼, 〈"오렌지와 오렌지"? 아니면 "오렌지와 사과"? 『대분기』에 대한 서평〉, 「경제 사학」 62권(2016.12).

김상태 편역, 『윤치호 일기: 한 지식인의 내면세계를 통해 본 식민지시기』(역사비평 사, 2001).

김완진, 〈J. S. 밀의 자유주의론〉, 「경제논집」 제35권 2호(1996.9).

김운태, 『일본 제국주의의 한국통치』(박영사, 2002).

김재호, 〈정부고용의 장기적 변화, 1910-2013: 공무원의 규모와 구성〉, 「경제사학」 제61호(2016.8).

나종일 편역, 『자유와 평등의 인권선언 문서집』(한울, 2012).

랜즈, 데이비드, 안진환·최소영 역, 『국가의 부와 빈곤』(한국경제신문, 2010).

리처드슨, 필립, 강진아·구범진 역, 『쟁점으로 읽는 중국 근대 경제사, 1800-1950』 (푸른역사, 2007).

마사히토, 나미키, 〈식민지 시기 조선인의 정치 참여—해방후사와 관련해서〉, 박지
향 외, 『해방 전후사의 재인식』(책세상, 2006).

바루마, 이언 & 아비샤이 마갤릿, 송충기 역, 『옥시덴탈리즘 반서양주의의 기원을 찾
아서』(민음사, 2007).

박지향, 〈영국 노동조합운동: 노동주의의 전개과정〉, 「역사학보」 130(1991.6).

_____, 『제국주의: 신화와 현실』(서울대학교 출판문화원, 2000).

_____, 〈간디 다시 읽기: 근대문명 비판을 중심으로〉, 「역사비평」 66호(2004 봄).

_____ 외, 『해방전후사의 재인식』, 1권(책세상, 2006).

_____, 『영국적인 너무나 영국적인』(기파랑, 2008).

_____, 『윤치호의 협력일기』(이숲, 2010).

_____, 〈협력자들: 나치 점령기 유럽과 일제치하 조선〉, 「서양사론」 제103호
(2009.12).

_____, 『클래식 영국사』(김영사, 2012).

_____, 『정당의 생명력: 영국 보수당』(서울대학교 출판문화원, 2017).

_____, 『제국의 품격』(21세기북스, 2018).

박찬승, 『한국 근대 정치사상사 연구』(역사비평, 1992).

버크, 에드먼드, 이태숙 역, 『프랑스혁명에 관한 성찰』(한길사, 2010).

보비오, 노르베르토, 황주홍 역, 『자유주의와 민주주의』(문학과 지성사, 1992).

부동, 레이몽, 임왕준 역, 『지식인은 왜 자유주의를 싫어하는가』(기파랑, 2007).

사이드, 에드워드, 박홍규 역, 『오리엔탈리즘』(교보문고, 1994).

송병건, 〈산업혁명 시기 영국 기술선도의 요인〉, 「경제사학」 62권(2016.12).

안병직, 〈독일의 산업화와 노동계급의 형성〉, 안병직 외, 『유럽의 산업화와 노동계
급』(까치, 1997).

애쓰모글루, 대런 & 제임스 A. 로빈슨, 최완규 역, 『국가는 왜 실패하는가』(시공사
2012).

양동휴, 『경제사 산책』(일조각, 2007).

언더우드, 릴리어스 호튼, 김철 역, 『언더우드 부인의 조선 견문록』(이숲, 2008).

윌리엄스, 에릭, 김성균 역, 『자본주의와 노예제도』(우물이 있는 집, 2014).

이근식, 『자유와 상생』(기파랑, 2005).

이영석, 『공장의 역사』(푸른역사, 2012).

이영훈, 『대한민국 이야기』(기파랑, 2007).

_____, 『한국경제사 II 근대의 이식과 전통의 탈바꿈』(일조각, 2016).

이철우, 〈일제하 법치와 권력〉, 박지향 외, 『해방전후사의 재인식』, 1권(책세상, 2006).

조관자, 〈민족의 힘을 욕망한 친일 내셔널리스트 이광수〉, 박지향 외, 『해방전후사의 재인식』, 1권(책세상, 2006).

조승래, 『공화국을 위하여: 공화주의의 형성과정과 핵심사상』(길, 2010).

주경철, 『대항해시대』(서울대학교 출판문화원, 2008).

주익종, 〈식민지 시기의 생활수준〉, 박지향 외, 『해방전후사의 재인식』, 1권(책세상, 2006).

추아, 에이미, 이순희 역, 『제국의 미래』(비아북, 2008).

케네디, 폴, 이일수·전남석·황건 공역, 『강대국의 흥망』(한국경제신문사, 1988).

킨들버거, 찰스 P., 주경철 역, 『경제 강대국 흥망사』(까치, 2004).

토크빌, 알렉시 드, 박지동 역, 『미국의 민주주의』(한길사, 1983).

파이프스, 리처드, 서은경 역, 『소유와 자유』(나남, 2008).

퍼거슨, 니얼, 김종원 역, 『제국』(민음사, 2006).

_____, 구세희·김정희 역, 『시빌라이제이션: 서양과 나머지 세계』(21세기북스, 2011).

페로, 마르크 편, 고선일 역, 『식민주의 흑서』, 상권(소나무, 2008).

페로, 마르크, 고선일 역, 〈식민주의, 식민화의 이면〉, 마르크 페로 편, 『식민주의 흑서』, 상권(소나무, 2008).

푸르카드, 마리, 〈인도의 영국인, 1959-1947, 또는 '냉소주의 시대'〉, 마르크 페로 편, 고선일 역, 『식민주의 흑서』, 상권(소나무, 2008).

하라리, 유발, 조현욱 역, 『사피엔스』(김영사, 2015).

하우, 스티븐, 강유원·한동희 역, 『제국』(뿌리와이파리, 2007).

하이에크, 프리드리히, 김균 역, 『사유헌정론 I, II』(자유기업센터, 1997).

한영우·권태억 외,『시민을 위한 한국역사』(창작과 비평, 1997).

헤이우드, 앤드류, 양길현·변종헌 역,『사회사상과 정치 이데올로기』(오름, 2014).

헬드, 데이비드, 박찬표 역,『민주주의의 모델들』(후마니스타, 2014).

홉스봄, 에릭, 김동택 역,『제국의 시대』(한길사, 1998).

황쫑즈, 구범진 역,『중국의 감춰진 농업혁명』(진인진, 2016).